康熙庭训格言释读丛书

方木鱼/编著

康熙教子做人

孔學堂書局
CONFUCIAN ACADEMY PRESS

本书获贵州省孔学堂发展基金会资助

图书在版编目（CIP）数据

康熙教子做人 / 方木鱼编著. 一 贵阳：孔学堂书局有限公司，
2019.1（2019.6重印）
（康熙庭训格言释读丛书）
ISBN 978-7-80770-122-4

Ⅰ. ①康… Ⅱ. ①方… Ⅲ. ①康熙帝（1654-1722）-语录
Ⅳ. ①K827=49

中国版本图书馆CIP数据核字(2018)第252815号

康熙教子做人 方木鱼 / 编著
kangxi jiaozi zuoren

出品人 邓国超 李筑
责任编辑 张忠兰 刘光炎
责任校对 黄艳 曹天寿
责任印制 张莹
内文排版 刘思妤

出品 当代贵州期刊传媒集团
出版发行 孔学堂书局
地址 贵阳市乌当区大坡路26号
发行电话 （0851）86415384
印制 北京温林源印刷有限公司
开本 889mm × 1194mm 1/32
字数 168千字
印张 7
版次 2019年1月第1版
印次 2019年6月第2次
书号 ISBN 978-7-80770-122-4
定价 30.00元

目录

一、治心篇 | 001

二、诚敬篇 | 043

三、孝善篇 | 075

四、戒恶篇 | 121

目录

五、俭廉篇 | 135

六、待人篇 | 171

一、治心篇

不学礼，无以立

训曰：礼之系于人也大矣，诚为范身之具，而兴行起化之原也。礼仪三百，威仪三千，[1]大而冠、昏、丧、祭、朝聘[2]、射、飨[3]之规，小而揖让、进退、[4]饮食、起居之节。君臣上下，赖之以序；夫妇内外，赖之以辨；父子、兄弟、婚媾、姻娅，[5]赖之以顺而成。故曰："动容中礼，而天德备矣；治定制礼，而王道成矣。"[6]《礼经》传之者十三家，而戴德、戴圣[7]为尤著，圣所传四十九篇，即今之《礼记》是也。其余四十七篇，虽杂出于汉儒之说，亦皆传述圣门格言，有切于身心之要旨。尔等所习本经既熟，正当学《礼》。孔子曰："不学礼，无以立。"[8]其宜勉之。

〔注释〕

［1］礼仪三百，威仪三千：语出《中庸》。“礼”的总纲有三百条之多，细目有三千多条。形容礼仪的项目很多，内容非常全面和细致。

［2］朝聘：指古代诸侯亲自或派使臣按期朝见天子的礼仪。

［3］飨：指用酒食招待客人，泛指请人受用。

［4］揖让、进退：作揖和谦让。是古代宾主相见的礼节。进退，应进而进，应退而退，泛指言语行动恰如其分。

［5］婚媾、姻娅：婚媾，婚姻，嫁娶。姻娅，亲家和连襟，泛指姻亲。

［6］动容中礼：指举止仪容合乎礼节。治定制礼，即社会安定，制定礼仪。王道，指以仁义治天下。

［7］戴德、戴圣：戴德，又称“大戴”，为戴圣叔父，编有《大戴礼记》，西汉今文经学“大戴学”的开创者。戴圣，又称“小戴”，西汉今文经学“小戴学”的开创者，所编《小戴礼记》即今天所通行的《礼记》。

［8］语出《论语·季氏》：“他日，又独立，鲤趋而过庭。曰：‘学礼乎？’对曰：‘未也。’不学礼，无以立。”

〔译文〕

训教说：礼对于人的影响真大啊，它确实是规范自身的工具，是培养个人品行和社会风化的源头。“礼”的总纲有三百条之多，细目有三千多条。大到加冠、成婚、丧事、祭祀、朝聘、射礼、飨礼的规矩；小到揖让、进退、饮食、起居的礼节。君臣的上下之分有赖于礼维持秩序，夫妻间的内外分工依靠礼来辨别，父子、兄弟、婚姻、亲戚之间依靠礼来理顺其中的关系。所以说：“举止仪容合乎礼节，则上天的德行就完备了。治定制礼，社会安定，以仁义治天下的王道就完备了。”传习《礼经》的一共有十三家，而其中尤以戴德、戴圣叔侄俩所整理的版本比较有名，戴圣所传一共四十九篇，就是如今的《礼记》了。其余的四十七篇，虽然杂见于汉代儒家多篇著作之中，也都是传习记述圣人的格言，有关乎身心的要旨。你们既然已对所学的基本经典熟悉，正好学学《礼记》。孔子说："不学习礼仪，就不能安身立命。"你们确实应该自我勉励。

〔延伸阅读〕

今本《礼记》，也称《小戴记》或《小戴礼记》，共四十九篇，是西汉戴圣对秦汉以前的传统礼仪著作加以整理、编纂而成。戴圣，字次君，西汉梁国人，与其叔父戴德并称"大小戴"。学界一致认为，今本《礼记》是戴圣所辑，其四十九篇是删戴德《大戴礼记》八十五篇而成。

《礼记》是对《仪礼》一书所载经文作的注释、说明和补充。《礼记》四十九篇，记载了夏、商、周三代特别是周王朝的典章制度以及冠、婚、丧、祭、燕、射、朝、聘等礼仪，更涉及三代政治、法律、道德、哲学、历史、祭祀、文艺、日常生活、历法等诸多方面，集中反映了儒家礼治的思想和主张，对人们研究当时社会制度、礼仪制度、礼学思想、礼教学说、礼法道德以及人们的行为规范和观念的传承与转变具有重要意义。

《礼记》中提出了著名的"中庸"思想："中也者，天下之大本也；和也者，天下之达道也。致中和，天地位焉，万物育焉。"而《礼记》另一个深入人心的思想则是"天下大同"："大道之行也，天下为公，选贤与能，讲信修睦。故人不独亲其亲，不独子其子，使老有所终，壮有所用，幼有所长，矜、寡、孤、独、废疾者皆有所养，男有分，女有归。货恶其弃于地也，不必藏于己。力恶其不出于身也，不必为己。是故谋闭而不兴，盗窃乱贼而不作，故户外而不闭，是谓大同。"

〔以史为鉴〕

博大精深的中华文明，培养了高尚的道德准则、完整的礼仪规范，让中国享有“衣冠上国，礼义之邦”的美誉。《史记》“八书”之中也列“礼书第一”，《诗》序上说：“变风发乎情，止乎礼义。发乎情，民之性也；止乎礼义，先王之泽也。” 孔子说：“三十而立。”“不学礼，无以立。”“立”是指人获得一定的社会地位，而“礼”能让人设定和实现他的个人目标。

自古以来，中国事事都注重礼仪，人与人之间的言谈称谓都极有讲究，特别是皇帝或皇太后召见内外大臣时，大臣觐见、奏对时，要遵守一定的礼仪制度。臣子一旦“失仪”，就要面临罚俸、降级、罢官甚至判刑的后果。同样，皇家子弟的言行举止关乎国体，所以，康熙格外重视诸皇子的礼仪教育。对于礼制和礼仪的作用，康熙在《御制日讲〈礼记〉解义序》里有更为详尽的说明：

朕闻六经之道同归，而礼乐之用为急。孔子曰：“安上治民，莫善于礼。”又曰：“上好礼，则民莫敢不敬。”诚以礼者范身之具，而兴行起化之原也。天之生人，品类纷纶，莫可纪极。圣人起而整齐之，法于天，则于地，顺于人，达于时，协于鬼神，斟酌损益，以定其品节限制。俾天下化其好逸恶劳之心，而予以从善弃恶之道，蒸蒸焉日蹈履于中正而不敢越，盖非有以强之也，率乎其理之所安而已。其纲有三百，其目有三千，大者在冠、昏、丧祭、朝聘、射宴之规，小者在揖让、进退、饮食、起居之节，循之则君臣上下赖以序，夫妇内外赖以辨，父子、兄弟、婚媾、姻娅赖以顺而成。反是，则尊卑易位，等杀无章，家未有能齐，而国未有能治者。故曰："动容中礼，而天德备矣；治定制礼，而王道成矣。"尝遐观三代、禹、汤、文、武，惇叙彝典，以倡导天下，而其时之诸侯秉礼以守其国，大夫、士遵礼以保其家，下至工贾庶人，畏法循纪以世其业。呜呼，何风之隆哉？朕企慕至治，深惟天下归仁，原于复礼。故法宫之中，日陈《礼经》，讲习细绎，盖不敢斯须去也。慨自嬴秦焚烧典籍，《礼》乃灭亡。汉兴，崇尚儒学，《礼经》始显，传之者十三家，而戴德、戴圣为尤著，圣所传四十九篇，即所谓《礼记》者是已。迨程子、朱子出，表章《学》《庸》，遂开千古道学之统。其余四十七篇，虽杂出于汉儒，亦皆传述圣门格言，有切身心要旨。朕熟之复之，靡间寒暑，积有讲义裒成，全部弁以叙言，用以无忘斯勤然，岂徒效儒生占毕云尔哉？务佩服其训词，而实体诸躬修措之邦国，使百尔怀恭敬逊让之诚，兆庶凛撙节防闲之则，德化翔洽，上媲隆古，庶乃惬朕敦崇礼教之意也夫。

在一个处处皆有礼制的古代社会里，人与人交往，尤其要注重礼仪。曾国藩在47岁时，以自己生平不注重礼仪而受人冷遇、处处惹麻烦的经历，告诉其弟弟在人际交往中礼仪的重要性。他在咸丰八年（1858）正月十四日《致沅弟》的信中写到："凡与人晋接周旋，若无真意，则不足以感人。然徒有真意而无文饰以将之，则真意亦无所托之以出，《礼》所称无文不行也。余生平不讲文饰，到处行不动，近来大悟前非。弟在外办事宜随时斟酌也。"

在与人交往中，既要待人以诚，又要注重礼仪，掌握好这个度，并不是一件容易的事。

礼以严分，和以通情分

训曰：有子[1]曰："礼之用，和为贵；先王之道，斯为美；小大由之，有所不行。知和而和，不以礼节之，亦不可行也。"盖礼以严分，而和以通情分。严则尊卑贵贱不逾，情通则是非利害易达。齐家、治国、平天下，何一不由于斯？

〔注释〕

［1］有子：即有若，字子有，孔子的弟子。

〔译文〕

训教说：子有说过："推行'礼'时，'和'是很重要的。古代先王的治国之道，就是以'礼''和'兼用为最好。假如每件事无论大小都用'礼'而不用'和'，有些事就会行不通。懂得'和'并实行调和，但是不用'礼'来节制也会行不通的。"这是因为"礼"主要是以严辨别，而"和"则是以交流感情来区分。严，则尊卑贵贱互相不能超越；情通时，即便事关是非利害关系也容易理解。管理好家庭、治理好国家、安定好天下，没有一样不是通过"礼"与"和"的兼用来做到的。

〔延伸阅读〕

礼在春秋时期泛指当时社会的各种典章制度和道德规范。孔子所说的"礼"，一方面指"周礼"中的礼节、仪式，另一方面指被儒家尊为后来通行的道德规范。有子所说的先王之道则是指尧、舜、禹、汤、文、武、周公等在古代备受推崇的圣贤的治世之道。

"和文化"是儒家重要的伦理、政治和社会原则，有着广泛的含义：天下为公、选贤与能的社会大同观，和而不同、兼容并蓄的文化观，民贵君轻的政治观，德主刑辅的治理观，仁者爱人、推己及人的道德观，修身正己、以德化人的教育观，恒产与均平的经济公平观，以义统利、群己和谐的社会伦理观，国家统一、协和万邦的民族国家观，天人合一的自然观等。

〔以史为鉴〕

康熙饱览史籍，且从政多年，深知礼仪秩序不可僭越。因此，他在庭训中告诫儿孙：要行“礼”制，须全力做好人“和”。因为“礼”是原则，“和”是策略，以严格区分尊卑贵贱上下秩序为主要内容的“礼”是丝毫不能违反的，但不采用调和人心的策略，又得不到人发自内心的爱戴，以致礼不易推行。

清朝入关伊始，满汉矛盾突出。清朝统治者为了笼络汉人，巩固统治，消除“扬州十日”“嘉定三屠”对江南人民心灵的创伤，康熙在康熙二十二年（1683）、二十八年（1689）、三十八年（1699）、四十二年（1703）、四十四年（1705）、四十六年（1707）六次下江南，并五次拜谒明孝陵。第一次拜祭时，康熙甚至行三跪九叩礼；第二次谒陵，又亲题“治隆唐宋”碑，称赞朱元璋建立的明朝兴隆程度超越了唐朝和宋朝。当然，清取明而代之，康熙之意不言而喻。在康熙的言传身教下，其孙子乾隆三次赴曲阜祭拜孔庙更是传为佳话。

康熙在位时，还发生了一次著名的“中西礼仪之争”。

天主教从元代时初入中国，到清代时已蔚然成风，顺治帝称传教士汤若望为“玛法”，并让其参与继承人的选拔。康熙勤奋好学，传教士便以西方科技手段来获取康熙的好感，并试图宣扬天主教教理，影响康熙的宗教观。康熙三十一年（1692），康熙发布传教的敕令，允许外国传教士在中国自由传教，但强调传教士不能干涉中国内政，并允许天主教教徒祭天、祭孔、祀祖。

随着天主教堂和信教人数增多，有关中国传统礼仪是否与天主教教义相容的“礼仪之争”爆发。罗马教廷下令禁止在中国的传教士的传教方式，即禁止教徒进行中国传统的敬天、祭孔、祀祖等仪式，试图干涉中国教会事务，把中国变成其治下的教皇领地。这与康熙想把天主教纳入中国政治体制，为其统治服务的初衷发生冲突。康熙五十九年（1720），康熙下令禁止传教：“尔教王条约与中国道理大相悖戾，尔天主教在中国行不得，务必禁止……其准留之西洋人，着依尔教王条约自行修道，不许传教。”（《康熙与罗马使节关系文书》康熙五十九年十一月二十七日谕）

康熙拜孔、谒明孝陵，允许传教后又禁止传教，都是为了巩固其统治，而这些行动都是在他“礼以严分，和以通情分”的思想指导下进行的。

赤子之心，人生真性

训曰：孟子云："大人者，不失其赤子之心者也。"[1]赤子之心者，乃人生之真性，即上古之淳朴处也。我朝满洲制度亦然，满洲故制看来虽似鄙陋，其一种真诚处又岂易得者哉？我等读书宜达书中之理，穷究古人立言之意也。

〔注释〕

[1] 语出《孟子·离娄下》。

〔译文〕

训教说：孟子说："具有伟大人格的人，怀有一颗初生婴儿般纯洁善良的心。"赤子之心是人生的真性情，这也是上古时代的人淳朴的地方。我清朝满洲的制度也是如此，满洲旧制虽然看起来鄙薄粗陋，但它真诚之处又岂是轻易就能制定出来的？我们读书都应该通晓书中的道理，穷究古人说这番话的用意。

〔延伸阅读〕

《孟子·离娄下》："大人者，不失其赤子之心者也。"这里的大人，指的是像尧、舜、禹、汤、文、武、周公等时刻以救民济世为己任的具有伟大人格的人。

赤子，即初生的婴儿。赤子之心就是一颗率直、纯真、善良、热爱生命、充满好奇和富有想象力、富有生命力的心。老子《道德经》上说："含德之厚，比于赤子。"这种单纯的婴儿般的心，本身就是一种美德。

孟子主张"性善论"，他认为"人皆可以为尧舜"。他曾说："恻隐之心，人皆有之；羞恶之心，人皆有之；恭敬之心，人皆有之；是非之心，人皆有之。"在孟子看来，"赤子之心"即指人与生俱来的恻隐之心、羞恶之心、恭敬之心、是非之心等纯真、质朴、善良的本性。人只有不断修炼自己，提升素质，不失"本心"，才能成为"大人"。

〔以史为鉴〕

康熙“即位多年，未尝晷刻不以法祖为念”。他说满洲旧制看似鄙陋，却有其真诚处，不止一次谈到子孙要遵守满洲旧制。这在古人对满洲地域民情的记载中可以得到印证。

清代方拱乾在《绝域纪略》中认为宁古塔等地的风气相较中原有五个优点，他说：“宁古之风，依然枝鹿之世，然中土礼仪之邦所不及者有五：道不拾遗，一也；百里无裹粮，二也；不用银钱，以粟布交易，三也；躏其田而罚其值，虽章京不免，四也；受所与必思有酬之，五也。有是五者，以臻无为之治，夫何愧焉？”依方拱乾观察，“八旗之居宁古者，多良而淳，率不轻与汉人交。见士大夫出，骑必下，行必让道，老而不荷戈者，则拜而伏，过始起，道不拾遗物，物遗则拾之置于公，俟失者往认焉”。如果有汉人前往满洲，则“百里往还，不裹粮，牛马不携粟草，随所投，如旧主人焉。主人随所供，不责报，亦无德色”。

在外国传教士的记载中，满洲人讲究真实的情感，笑则发自内心，不高兴就立刻体现在脸上，讨厌虚情假意。但满洲人天性偏爱战争和劳动，作战时气势凶猛，自认无人能敌。这也和康熙的自述相吻合。有一次，他对身边的满洲阁臣说：“满洲、汉人之性，迥然不同。汉人以喜怒不形于色为尚。不知存心行事，贵在诚实。开诚示人，人自服之；若怀诈挟术，谁肯心服耶？尝见大奸大伪之人，喜怒不形于色。如吴三桂、噶尔丹，类皆如此。此等人终必败坏耳。”（《清圣祖实录》卷二百五十五）

治心防于念之初生、情之未起

训曰：人惟一心，起为念虑。念虑之正与不正，只在顷刻之间。若一念之不正，顷刻而知之，即从而正之，自不至离道之远。《书》曰："惟圣罔念作狂，惟狂克念作圣。"[1]一念之微，静以存之，动则察之，必使俯仰无愧，方是实在工夫。是故古人治心，防于念之初生、情之未起，所以用力甚微，而收功甚巨也。

〔注释〕

[1] 语出《尚书·多方》。

〔译文〕

训教说：人只有一颗心，心一动就会产生思虑。思虑的正与不正，只在于一瞬间。如一念不正，顷刻之间就知道了，应立即进行纠正，自然就不会与道太远。《尚书》中说："如果圣人不善于思考就会变成无知的人，无知的人能思考就会成为圣明的人。"一个细微的念头，安静的保存它，思虑动时加以审查，要做到俯仰无愧，方是实实在在的真功夫。所以古人治心，常常是在意念刚开始产生、感情还没有萌动的时候，就注意防范，所以费力小而收效却很大。

〔延伸阅读〕

"惟圣罔念作狂，惟狂克念作圣"出自《尚书·多方》，圣人心有妄念就会变成无知的人，无知的人能够克服妄念、邪念，也可以成为圣人。蔡沈《尚书集传》上说，圣是通明，狂是昏愚。清代孙星衍《尚书今古文注疏》引《尚书大传》郑玄注，以心思通明为圣，以倨慢为狂。《千字文》中也有"景行维贤，克念作圣"的教诲。

《尚书孔传》曰："惟圣人无念于善则为狂人，惟狂人能念于善则为圣人。言桀纣非实狂愚，以不念善，故灭亡。"尧舜心无"罔念"，桀纣终未能"克念"，结果圣狂未能转变。"惟圣"是说圣人的德行，人人天生具有，"作圣"是修养身心而成圣人。"惟狂"则是潜藏在人心深处的昏愚，“作狂”则是指由于昏愚而作恶的狂人。

苏轼曾以《惟圣罔念作狂，惟狂克念作圣》为题，写过一篇经义之文：

毫末之木，有合抱之资，滥觞之水，有稽天之势，不可谓无是理也。理固有是，而物未必然。此众人之所以不信也。子思有言：“君子之道，始于夫妇之所能，其至也，虽圣人有不能。”故孟子曰：“人皆可以为尧舜。”人之能为尧舜，历千载而无有，故孟子之言，世未必信也。众人以迹求之，故未必信，君子以理推之，故知其有必然者矣。孔子曰：“惟上智与下愚不移。”而《书》曰：“惟圣罔念作狂，惟狂克念作圣。”此二言者，古今所不能一，而学者之所深疑也。请试论之。

滥觞可以稽天，东海可以桑田，理有或然者。此狂圣念否之说也。江湖不可以徒涉，尺水不可以舟行，事有必然者。此愚智必然之辨也。夫言各有当也，达者不以失一害一，此之谓也。太甲既立，不明，伊尹放之。使太甲粗可以不乱者，伊尹不废也。至于废，则其狂也审矣。然卒于为商宗。周公曰：“兹四人迪哲。”盖太甲与文王均焉。明皇开元之治，至于刑措，与夫三代何远。林甫之专，禄山之乱，民在涂炭，岂特狂者而已哉。由此观之，圣狂之相去，殆不容发矣。

苏轼的主要论点集中在文末，他以“太甲改过自新、克狂而圣”和“唐玄宗李隆基圣罔而狂”的例子得出结论，圣狂两种情况可以发生在同一个人身上，而一个人在圣狂之间的行为转换也仅是一念之差。

〔以史为鉴〕

古人很注重养心，我国儒家、佛家、道家及医家对此都有精辟论述。儒家学说中，最有代表性的莫过于孔子的“毋意、毋必、毋固、毋我”和孟子的“养心莫善于寡欲”；道家则有老子“守中”“抱一”和“致虚极，守静笃”之说；佛家则通过诵经、打坐、入定的方式养心；而药王孙思邈则有“养生十二少”之说：少思，少念，少欲，少事，少语，少笑，少愁，少乐，少喜，少怒，少好，少恶。

明代训诫书《菜根谭》里劝人勿起恶念说：“一言而伤天地之和，一事而酿子孙之祸者，最宜切戒。”为了家人和自己，不要妄加评论未见分晓的人或事，不要做祸及子孙的事。克制自己的意念，守住做人的良知，规范自己的行为，一念、一言、一行都要谨慎。明代焦竑《玉堂丛语》记载：“曹鼐为泰和典史，因捕盗，获一女子，甚美，目之心动。辄以片纸书‘曹鼐不可’四字火之，已复书，火之。如是者数十次，终夕竟不及乱。”即明英宗时重臣曹鼐，曾在监狱任职，抓到一女盗贼，长得很美丽，曹鼐心有所动，于是，他拿来纸笔写道：“曹鼐不可。”写完烧掉，再写一张，一直写了几十张，写到天亮。在曹鼐的权衡、坚持之下，道义、良知战胜了情欲，恶的念头终于被降服。

圣人与凡人、恶人之间的差别只在一念之间。圣人心存妄念，会变成恶人，恶人能控制自己心中的恶念，也能成圣人。是觉悟还是迷失，是正义还是邪恶，全在于自己的坚守。说到底，成圣还是作狂，终究在于自己能不能关注自己的内心，坚守善念不失，将恶的念头扼杀在萌芽之中。

平日不自放纵

训曰：凡人修身治性，皆当谨于素日。朕于六月大暑之时，不用扇，不除冠，此皆平日不自放纵而能者也。

〔译文〕

训教说：大凡修身养性，都应从平日里的小事中做起。我在盛夏六月，大热天也不扇扇子，不摘帽子，这都是我平时不放纵自己，所以能做到这样。

〔以史为鉴〕

日本企业管理哲学里有一句名言："定心缔造成就。"一个人能取得多大成就，很大一部分取决于他的定力如何。伟人不同于凡人的地方就在于伟人有坚定的意志，不为外物所扰而坚持自己的品性，具有患难而不忧、处优而保持清醒的忧患意识。

康熙非常讲究教育子孙的方法，他要求子孙20岁之前不读诗词歌赋。在他看来，诗词歌赋是文人情感充沛的表达。但人要到足够理智之后，才能够擅用情感，理智欠缺而感情丰富，容易感情用事。

普通人心性不稳，其人生则会出状况。一国之君心性不稳，则整个国家就会出状况。在古代，长辈惩罚犯错的弟子，往往会让他去抄写经书，以达到静心的目的。因为书法、经书可以锻炼人的定性。康熙教导子孙不能丢掉射箭的本领，因为射箭最需要定力，必须专心致志才能射准，心定而后能开智，心躁之人常跟智慧绝缘。

心不为所役，始得泰然

训曰：人心一念之微，不在天理便在人欲。是故心存私便是放[1]，不必逐物驰骛[2]然后为放也；心一放便是私，不待纵情肆欲然后为私也。惟心不为耳目口鼻所役，始得泰然。故孟子曰："耳目之官不思而蔽于物，物交物，则引之而已矣；心之官则思，思则得之，不思则不得之也。此天之所以与我者。先立其大者，则其小者不能夺也。此为大人而已矣。"

〔注释〕

［1］放：放纵，放任。
［2］逐物驰骛：逐物，追求物质享受。驰骛，奔走。

〔译文〕

训教说：人心所产生的一个微小的念头，不在于对天理的追求，便在于人的私欲。因此人只要心存私念，便是恣肆放纵，不一定非要追求外物、好高骛远，才称为恣肆放纵；人心只要一放纵，便是自私的念头，不用等到放纵自己的感情和欲望，然后才说是有了私念。只有心灵不为眼耳口鼻之类的感觉器官所役使，才会沉着镇定。因此《孟子》说："耳朵与眼睛这些感觉器官因为不会思考，所以常常被外物蒙蔽，物与物相互接触，于是就把耳目引向了歧途。心这种器官是专门用来思考的，思考便得到了天理，不思考就难以得到。这是上天特意赋予我们的。因此，先确立主要的东西，那么那些次要的就难以与之相争夺了。这样便可成为君子了。"

〔延伸阅读〕

《孟子·告子上》："公都子问曰：'钧是人也，或为大人，或为小人，何也？'孟子曰：'从其大体为大人，从其小体为小人。'曰：'钧是人也，或从其大体，或从其小体，何也？'曰：'耳目之官不思，而蔽于物。物交物，则引之而已矣。心之官则思，思则得之，不思则不得也。此天之所与我者。先立乎其大者，则其小者弗能夺也。此为大人而已矣。'"

这段话的意思是，公都子问道：“同样都是人，有的成为了君子，有的成了小人，这是什么原因呢？”孟子说：“注重身体主要部分的成为君子，注重次要部分的则成了小人。”公都子说：“同样是人，有的注重主要部分，有的注重次要部分，这又是为什么呢？”孟子于是说了上面康熙在庭训中引用的话。

〔以史为鉴〕

在孟子看来，“心”乃体之大者，体之贵者；而眼睛、耳朵等其他感官不过是体之小者，体之贱者。“先立其大者，则其小者不能夺也。”康熙在此基础上，提出“惟心不为耳目口鼻所役，始得泰然”。

康熙庭训的目的，是希望自己的儿孙能够修心养性，并为清朝甄选、培养一位合格的君王。康熙深知，君王也是人，一念之微，不在天理，便在人欲。对于手握千百万人生杀大权的帝王来讲，稍有不慎，就会因一己私欲给万千百姓造成祸患。

吴三桂冲冠一怒为红颜即为一例。陈圆圆是明末居住在苏州桃花坞的“秦淮八艳”之一，崇祯末年被田畹掳走，后来被送给山海关守将吴三桂为妾。之后，李自成攻破北京城，其手下刘宗敏掳走陈圆圆，将吴三桂家人三十八口全杀光，吴三桂悲痛万分，于是身负杀父夺妻之仇投降多尔衮，引清军入关。

康熙熟读儒家经典，对于孟子所提的心与耳目的关系问题颇为认同，耳目等不会思考，易为外物所蒙蔽，心之官则思，思则得之，不思则不得之。

志之所趋所向，涵泳内外本末

训曰：子曰："志于道。"[1]夫志者，心之用也。性无不善，故心无不正。而其用则有正不正之分，此不可不察也。夫子以天纵[2]之圣，犹必十五而志于学。盖志为进德之基，昔圣昔贤莫不发轫[3]乎此。志之所趋，无远弗届[4]；志之所向，无坚不入。志于道，则义理[5]为之主，而物欲不能移，由是而据于德，而依于仁，而游于艺，自不失其先后之序、轻重之伦[6]，本末兼该，内外交养，涵泳从容，不自知其入于圣贤之域矣。

〔注释〕

［1］语出《论语·述而》："子曰：'志于道，据于德，依于仁，游于艺。'"

［2］夫子：孔子。天纵：意为上天所赐禀赋。

［3］发轫：拿掉支住车轮的木头，使车前进。比喻新事物或某种局面开始出现。轫，刹车木。行车必先去轫，故称"发轫"。

［4］无远弗届：无：没有；弗：不；届：到达。不管多远之处，没有不到的。

［5］义理：道理，又作经义名理讲。宋以后称理学为义理之学，简称为义理。

［6］伦：道理，次序。

〔译文〕

训教说：孔子说："立志于道。"所谓志，就是人内心的运用。人的天性没有不善的，所以人心没有不正的。然而，人心的运用却有正与不正之分，这不可不察。孔子以上天赋予他的圣人之德，尚且还必须在十五岁时有志于学，这是因为一个人的志向是增进其德行的基础，古圣先贤都是从有志于学问做起的。人为心志所趋，无论距离多么远都能够到达；心志所要达到的目标，无论多么艰难都能克服。有志于道，那么义理就会成为心灵的主宰，再强烈的物欲也不能使它有所改变，因此据守道德，依据仁义，置身于礼、乐、射、御、书、数六种活动中，以不失其先后与轻重秩序。本末兼顾，内外交相增加涵养，深刻体会，从容镇定，不知不觉就已经进入圣贤的境界了。

〔延伸阅读〕

南怀瑾的《论语别裁》认为"志于道，据于德，依于仁，游于艺"这四句话是孔子学术思想的真正体现，也是他教育的真正目的。

“志于道”即立志要高远，给自己预设一个希望达到的境界。“据于德”，是说立志虽然要高远，但必须从人道起步，为人处世要以仁德为主。“依于仁”，仁有体有用：仁的体是内心的修养，包括内在的性命之学、心性之学；表现于外用则是爱人爱物，博爱、泛爱、爱己、爱人、爱物、爱全天下。“游于艺”，艺主要包括礼、乐、射、御、书、数六艺。只有以上都做好了，知识学问才能渊博，人生才不会枯燥。

〔以史为鉴〕

关于立志，有许多耳熟能详的句子，比如：“无志之人常立志，有志之人立长志。”再比如蒲松龄撰写的对联：“有志者，事竟成，破釜沉舟，百二秦关终属楚；苦心人，天不负，卧薪尝胆，三千越甲可吞吴。”

有志者，事竟成，所谓“精诚所至，金石为开”，一个人首先要有目标，之后便专心致志，持之以恒，则什么事都能做成。孔子“十有五而志于学”。毛泽东主席少年时写过一首立志诗：“孩儿立志出乡关，学不成名誓不还。埋骨何须桑梓地，人生无处不青山。”周恩来总理少年时志愿“为中华民族之崛起而读书”。

康熙从志与道、志与心的关系，深入阐述了立志的意义以及如何立志的问题。在康熙看来，一个人只要立志，再经过后天的努力，都可成为圣贤。这和曾国藩以资质平庸之人通过后天努力而成贤者的道理如出一辙，从而给了无数家境、资质、学识一般的人无限动力。

慎独为训，暗室不欺

训曰：《大学》《中庸》[1]俱以慎独[2]为训，是为圣贤第一要节[3]。后人广其说曰："暗室不欺。"[4]所谓暗室有二义焉：一在私居独处之时，一在心曲[5]隐微之地。夫私居独处，则人不及见；心曲隐微则人不及知，惟君子谓此时指视[6]必严也。战战栗栗，兢兢业业，不动而敬，不言而信，斯诚不愧于屋漏[7]而为正人也夫！

〔注释〕

［1］《大学》《中庸》：儒家经典，均为《礼记》篇名，宋代朱熹把它们和《论语》《孟子》合编为“四书”，并作注释。

［2］慎独：独处时谨慎不苟。语出《礼记·中庸》：“莫见乎隐，莫显乎微，故君子慎其独也。”

［3］要节：重要的环节。

［4］暗室不欺：即不欺暗室。指在没有人看见的地方，也不做见不得人的事。语出骆宾王《萤火赋》：“类君子之有道，入暗室而不欺。”

［5］心曲：内心深处。《诗经·小戎》：“言念君子，温其如玉。在其板屋，乱我心曲。”郑玄笺：“心曲，心之委曲也。”朱熹《集传》：“心曲，心中委曲之处也。”

［6］指视：特别注意。

［7］屋漏：屋内西北角的特称。《尔雅·释宫》：“西南隅谓之奥，西北隅谓之屋漏，东北隅谓之宧（yǐ）……”《辞源》释义：“房子的西北角。古人设床在屋的北窗旁，因西北角上开有天窗，日光由此照射入室，故称屋漏。”

〔译文〕

训教说：《大学》《中庸》都把“慎独”作为重要的训诫，这是古代圣贤视为第一重要的环节。后人把它引申解释为“暗室不欺”。所谓暗室，有两层含义：一是指在一个人单独生活的时候；二是指一个人内心深处的隐秘之处。当一个人独自生活时，别人就看不到他的言行举动；深藏隐秘的内心深处别人难以知晓，惟有君子在这个时候尤其要严格注意自己的言行和思想。事事谨慎小心，兢兢业业，即使不行动，也保持恭敬的态度，即使什么也不说，也使人感到可以信赖，这样的人才真正是不欺暗室的正人君子。

〔延伸阅读〕

“慎独”在《礼记·大学》里共出现两次。一处是：“所谓诚其意者，毋自欺也。如恶恶臭，如好好色，此之谓自谦。故君子必慎其独也。”即所谓意念诚实，就不会自欺欺人。就像厌恶臭气和喜爱美好的容貌一样，君子一定要坦然面对自己的内心。另一处：“小人闲居为不善，无所不至。见君子而后厌然，掩其不善，而著其善。人之视己，如见其肺肝然，则何益矣。此谓诚于中，形于外。故君子必慎其独也。”失德之人独处时什么坏事都做得出，见了贤人却又想掩饰，可自欺欺人又有何用？内心真诚会通过外表传达出来，所以君子一定要慎独。

《礼记·中庸》则说：“道也者，不可须臾离也，可离非道也。是故君子戒慎乎其所不睹，恐惧乎其所不闻。莫见乎隐，莫显乎微，故君子慎其独也。”

刘向《说苑·敬慎》云：“存亡祸福，其要在身，圣人重诚，敬慎所忽。《中庸》曰：‘莫见乎隐，莫显乎微；故君子能慎其独也。’”

马王堆出土帛书《五行》篇载：“能为一者，言能以多为一；以多为一也者，言能以夫五为一也。”“慎其独也者，言舍夫五而慎其心之谓也。独然后一，一也者，夫五为一也，然后得之。”这里的“五”指“仁义礼智圣”，即“儒风五行”。

〔以史为鉴〕

“慎独”是一种境界，是中国儒者最强调的个人秉性之一。曾子的“吾日三省吾身”，便是一种高度的自律。鲁迅曾说：“我的确时时解剖别人，然而更多的是更无情面地解剖我自己。”当整个屋子里面灯光暗了，只有我们自己的时候，所思所为，毋自欺也。

《后汉书》上记载，东汉的杨震任荆州刺史时，举荐了一个叫王密的人，对方心中感激，私下送了十金给杨震以表谢意，并说：“暮夜无知者。”杨震却说：“天知，神知，我知，子知。何谓无知！”结果王密惭愧而退。

无独有偶，历经雍正、乾隆两朝的河南巡抚叶存仁离任时，僚属在夜深人静时送来礼物，叶存仁心中感慨，赋诗一首：“月白风清夜半时，扁舟相送故迟迟。感君情重还君赠，不畏人知畏己知。”随后将礼物“完璧归赵”，登船而去。

曾国藩在遗嘱中第一条说到的就是“慎独”。他在逝世前一年，总结自己的一生，写了著名的“日课四条”，即：慎独、主敬、求仁、习劳。这四条，慎独是根本，是“体”；其他三条是枝叶，是“用”。他说：“慎独则心安。自修之道，莫难于养心，养心之难，又在慎独。”“故能慎独，则内省不疚，可以对天地质鬼神，断无行有不慊于心则馁之时。人无一内愧之事，则天君泰然，此心常快足宽平，是人生第一自强之道，第一寻乐之方，守身之先务也。”

曾国藩被后人称为“立德立功立言三不朽，为师为将为相一完人”，他的伟大之处，不在于创造了一套新的学说，而是对儒家修身养性的真理做了一辈子的实践。这种实践，不在于外在的功利目的，而是追求一种内在的精神境界，最终使他走上了自省、自责、自胜、自强的圣贤之路。

君子三戒

训曰：孔子云："君子有三戒，少之时血气未定，戒之在色；及其壮也，血气方刚，戒之在斗；及其老也，血气既衰，戒之在得。"朕今年高，戒色戒斗之时已过，惟或贪得是所当戒。朕为人君，何所用而不得？何所取而不能？尚有贪得之理乎？万一有此等处，亦当以圣人之言为戒。尔等有血气方刚者，亦有血气未定者，当以圣人所戒之语，各存诸心，而深以为戒也。

〔译文〕

训教说：孔子说："君子有三种禁戒：年少的时候，血气不定，要戒女色；到了壮年，血气旺盛刚烈，要戒与人争斗；等到老年，血气已经衰弱了，要戒贪得。"如今我年事已高，已经过了戒色戒斗的年纪，只有贪得是应当引以为戒的。我身为皇帝，想用什么会得不到？想要什么不能拿到？怎么还会有贪得无厌的道理？万一有这种情况，也应以圣人的话为戒。你们之中有血气方刚的，也有血气未定的，应当把圣人的训戒之语放在心上，并深以为戒。

〔延伸阅读〕

《论语·季氏》："孔子曰：'君子有三戒：少之时，血气未定，戒之在色；及其壮也，血气方刚，戒之在斗；及其老也，血气既衰，戒之在得。'"

关于"戒色、戒斗、戒得"，历来有不同的解读。好色、好斗、贪得，这是人性中根深蒂固的恶。"色"一般指美色，《全唐诗·警示》中有道教宗师吕洞宾的一首警世诗："二八佳人体似酥，腰间仗剑斩凡夫。虽然不见人头落，暗里教君骨髓枯。"也有人说色是五蕴之一，指各种物质，即年少时要戒除对万事万物的诱惑。"斗"指争斗、战斗，也指精神方面的争强斗胜。"得"指取得、获得，此处也指患得患失。

朱熹《论语集注》告诫人要以"理"克服个人的贪欲，就不会被内心的欲望所控制，并引范氏的话说："少未定，壮而刚，老而衰者，血气也；戒于色，戒于斗，戒于得者，志气也。君子养其志气也，故不为血气所动。” 孔子的“君子三戒”从养生谈到养志，后来朱熹则提出以理胜气，实际上都是古圣先贤对人从少年到老年这一生中需要注意的问题作出的忠告。

〔以史为鉴〕

乾隆为了缅怀康熙的“戒之在得”之训，曾在乾隆四十五年（1780）于承德避暑山庄镜湖中心岛上建“戒得堂”，该堂周围环列来薰书屋、佳荫堂、含古轩、群玉亭、问月楼、镜香亭等建筑，并亲题《戒得堂》诗：“戒得早成堂，荏苒廿岁徙。每来必有诗，忆祖兼敕己。今当归政后，吟咏可罢尔。然有不可罢，孜孜在训子。楚南北之军，宵小犯天理。更切得捷音，惭不可言矣。”

乾隆为此曾写《戒得堂记》：

我皇祖圣寿望七时，尝欲镌通用小玺，命内廷翰臣拟文，皆无当圣意者，乃定“戒之在得”字用之。此语闻之张照，盖尔时伊在南书房里行也，然当时圣意引而未发。

予今年亦届七秩，于元旦试笔，即隐括此语为什。兹驻跸避暑山庄，乃皇祖朝乾夕惕用此玺之处，而予受恩之所也。适作书堂于清舒山馆之左，即以此题额而为记，以阐皇祖之义。

曰，帝王之学与占毕书生有不同，则所戒亦当各异。“未定”“方刚”之戒，兹不复论，兹所戒者当在“得”矣。而“得”岂与庶人同乎？欲得贤才而用之，此可戒乎？欲得亿万年永承天眷，此可戒乎？欲得寰宇安宁，万姓乐业，此可戒乎？欲得五风十雨，屡绥普遍，此可戒乎？若夫欲得货财为琼林、大盈，金花内帑之私，则是剜肉补创，自速其亡之举。古有明戒，而戒及此，其亦小矣。

因敬思皇祖所云“戒得”者，其在扩土兼远之为乎？扩土兼远之不已，必有穷兵黩武之事。我皇祖虽征朔漠，复卫藏，非穷兵也，不得已也。予小子钦承先志，亦既平伊犁、定回部、靖金川，扩土不为不遐，兼远不为不备。然非敢恃兵之强、将之略，而穷黩以逞己之欲，亦惟是不得已而用之耳。幸蒙天助，诸事顺成。

今则寿登七旬，亦既老矣，尚何所不足，敢弗以皇祖之戒为戒乎？如是，则先儒所谓“志气”“血气”胥不外一理。然此理实非占毕儒生所得同，而或有合于我仁祖垂示万祀之义乎！

乾隆在文中说，康熙在年近七十时，曾刻过一枚“戒之在得”的闲章。乾隆当时也70岁，在清舒山馆的左面建了戒得书堂，并作《戒得堂记》，以阐明皇祖父之意。

在乾隆看来，帝王所戒与书生所戒应有不同。乾隆提到康熙的文治武功，指出康熙开疆扩土、征战杀伐并非穷兵黩武以满足私欲，而是迫不得已用兵。及至自己年老，也应该注重祖父所说的戒得。

富贵不能淫，贫贱不能移

训曰：人承祖父之遗，衣食无缺，此为大幸。便当读书乐志，安分修为。若家贫，亦惟勤学力行，为乡党[1]所重。孔子曰："素富贵行乎富贵，素贫贱行乎贫贱。"孟子曰："富贵不能淫，贫贱不能移。"此是圣贤立志之根本，操存之要道也。

〔注释〕

［1］乡党：指乡里、家乡；乡族朋友。古代五百家为党，一万二千五百家为乡，合称乡党。

〔译文〕

训教说：人继承祖辈的资产，衣食无缺，这是大幸事。因此应该勤奋读书，乐于追求自己的志趣，安分修习。如果家庭贫困，更应该勤学力行，让乡亲们看重。孔子说："如果出身富贵就担负富贵者的职责，如果家庭贫贱就要守住贫寒之士的气节。"孟子曰："富贵不能使他迷惑，贫穷卑贱不能使他改变操守。"这是圣贤立志的根本，更是坚持操守的要道。

〔延伸阅读〕

《礼记·中庸》载："君子素其位而行，不顾乎其外。素富贵，行乎富贵；素贫贱，行乎贫贱；素夷狄，行乎夷狄；素患难，行乎患难。君子无入而不自得焉。在上位，不陵下；在下位，不援上。正己而不求于人，则无怨。上不怨天，下不尤人。故君子居易以俟命，小人行险以徼幸。子曰：'射有似乎君子，失诸正鹄，反求诸其身。'"

君子以其当下的地位行事，不谋求本职之外的事。居富贵，就按富贵人的身份做事；居贫贱，就以贫贱人的身份做事；居少数民族地区，就按少数民族地区的标准做事；处忧患之境，就做忧患中可以做的事。无论在什么情况下，都悠然自得。居上位，不欺凌下位之人；居下位，不攀附上位之人。端正自己的品行而不苛求他人，就没有抱怨。上不抱怨天，下不埋怨人。所以，君子处于平易的位置等待命运的安排，小人做危险的事情寻求侥幸。孔子说："射箭与君子有相似之处，如果射不中靶心，就应该回头反省自身。"

这一段话说的是君子要安分守己，做好自己该做的事情，不图虚名、不贪荣利。

〔以史为鉴〕

孟子说："富贵不能淫，贫贱不能移，威武不能屈。"金钱、地位不能使自己迷惑腐化，贫苦穷困不能改变自己的志向，权势、武力不能让自己屈服变节。这是一句耳熟能详的话，但真正做到这三点，实际上是非常困难的事情。

《中庸》上说："故君子居易以俟命，小人行险以徼幸。"君子保持平和的心态等待命运的安排，小人做危险的事情寻求侥幸。例如，苏武牧羊，留居匈奴十九年持节不屈；陶渊明不为五斗米折腰，隐居于南山之下；文天祥拒不降元，留下"人生自古谁无死，留取丹心照汗青"的诗句。

在康熙看来，如果一个人衣食无忧，就应该一心向学，如果家庭贫寒更应该发奋苦读。这一方面是君子和圣贤的操守，另一方面也是康熙爱惜、重视人才的表现。

明末清初文学家申涵光的《荆园小语》里有一段话："人生承祖、父之遗，衣食无缺，此大幸也。便可读书守志，不劳经营。若家道素贫，亦有何法？惟勤学立行，为乡里所敬重。自有为之地者，若丧心以求利，人人恶之，是自绝生路矣。”

《荆园小语》从小处着手，书中充满了作者的人生智慧，读来让人受益无穷，如治学格言：“学古之志未衰，每日必拥书早起；干世之心久绝，无夕不把酒高吟。”再如为人处世：“亲友见访，忽有欲言不言之意，此必不得已事欲求我而难于启齿者，我便当虚心先问之。力之所能，不可推诿。”“冷暖无定，骤暖勿弃棉衣；贵贱何常，骤贵勿捐故友。”

申涵光在明清易代之际，曾与人避乱隐居，入清后不仕，但与明朝遗民及多位清初重臣保持交往，也是一位“富贵不能淫，贫贱不能移”的君子。从引用他的话也可以看出康熙对他的认可。

知足不辱，知止不殆

训曰：老子曰："知足[1]者富。"又曰："知足不辱，知止[2]不殆，可以长久。"奈何世人衣不过被体，而衣千金之裘犹以为不足，不知鹑衣袍缊[3]者，固自若也；食不过充肠，罗万钱之食犹以为不足，不知箪食瓢饮[4]者，固自乐也。朕念及于此，恒自知足。虽贵为天子，而衣服不过适体；富有四海，而每日常膳，除赏赐外，所用肴馔，从不兼味[5]。此非朕勉强为之，实由天性自然。汝等见朕如此俭德，其共勉之。

〔注释〕

［1］知足：自知满足。

［2］知止：懂得适可而止。

［3］鹑衣：鹑，尾秃，故用以形容衣服破旧褴褛。缊：新茧和旧絮。

［4］箪食瓢饮：一箪食物，一瓢饮水。语出《论语·雍也》："一箪食，一瓢饮，在陋巷，人不堪其忧，回也不改其乐。"

［5］兼味：两种以上的菜肴。

〔译文〕

训教说：老子说："知道满足的人是富有的。"又说："懂得满足的人不会招来屈辱，知道适可而止的人不会碰到危险，这种人可以活得平安长久。"为什么世人明知道穿衣服本不过是为了遮盖身体，而有人即便身着价值千金的裘皮衣服却还不满足？他们不知道身穿旧衣破袄的人，也有镇静自如、无拘无束的生活；人们吃饭也只不过为了填充肠胃，而有的人一顿饭花费万贯还不感到满足，他们不知道生活清苦、饮食清淡的人也自有不与外人说的乐趣。我一想到这些，就感到知足。我虽然贵为天子，但穿衣服也只求合身；我虽拥有天下财富，但每天日常用餐，除了赏赐给他人外，留给自己吃的菜肴从来不超过两种。这并不是我要勉强这样做，实在是由于我天性如此。你们看到我如此崇尚节俭的德行，一定要共勉。

〔延伸阅读〕

《道德经》是老子的著作，康熙曾为《道德经》作序说：“伏惟大道，玄理幽深，神妙感通，觉世度人……”可见康熙对老子哲学思想的认同和对《道德经》的喜爱。

“知足者富”语出《道德经》第三十三章：“知人者智，自知者明。胜人者有力，自胜者强。知足者富，强行者有志。不失其所者久，死而不亡者寿。”能够了解他人是智慧的，能够了解自己是高明的。能够战胜他人是有力的，能够战胜自我才是真正的强者。知道满足而不妄想的人是富有的，努力不懈地去奋斗的人是有志气的。言行不离道德规范的人能够活得长久。躯体虽死而精神仍在的人才是真正的长寿。

“知足不辱，知止不殆，可以长久。”这句话出自《道德经》第四十四章：“名与身孰亲？身与货孰多？得与亡孰病？甚爱必大费，多藏必厚亡。故知足不辱，知止不殆，可以长久。”名利与生命哪一个更亲呢？生命与货利哪一样更重呢？得与失哪一样更有害呢？过分地追逐名利必定有重大的消耗，藏得越多必失去越多。所以人能知足于内而不争虚名，就不会有屈辱；知止于外而不贪得无厌，就不会有忧患。如此可以使身体健康长寿。

〔以史为鉴〕

康熙是一位对医学颇有造诣的“医生天子”，他节俭的饮食习惯也和他的养生观不无关系。康熙强调饮食对健康的作用，反对随意摄取，主张合理饮食，“适可而止”，并说：“所好之物，不可多食。”

康熙自幼由孝庄太皇太后按照君王的标准培养，自学步、饮食、动作、言语，皆有规矩，从而养成了节俭、知足、知止这些良好的习惯。古今帝王莫不秉承“普天之下，莫非王土，率土之滨，莫非王臣”的教育，康熙身为一国之君，能以俭朴为乐、以知足为荣，殊为难得。

《大学》说：“知止而后有定，定而后能静，静而后能安，安而后能虑，虑而后能得。”可见，知止是能定、能静、能安、能虑、能得的基础。隋朝王通的《止学》说：“智极则愚也。圣人不患智寡，患德之有失焉。才高非智，智者弗显也。位尊实危，智者不就也。大智知止，小智惟谋，智有穷而道无尽哉。”小聪明才会整天算计，大智慧则懂得适可而止，要知道舍得。

每个人心中都有或深或浅的心魔，庄子说：“嗜欲深者其天机浅。”如果把人比作一座磨坊或加油站，贪欲就像周围空气中飘浮的粉尘、油气，倘若不能及时扑灭，很容易引发毁灭性爆炸。关键时刻不妨学学苏轼《定风波》中的从容与豁达——莫听穿林打叶声，何妨吟啸且徐行。竹杖芒鞋轻胜马，谁怕？一蓑烟雨任平生。

“自古人生最忌满，半贫半富半自安。”老子说：“大成若缺。”就像中国水墨画里的留白，天空、云朵、大海、积雪，给人遐思，意蕴深长。留点时间，留点空间，留点福缘，其实就是留点盼头。可惜的是人只有渐渐年长，才懂得节制、自省和留白惜福之美。

二、诚敬篇

以德服人，心悦诚服

训曰：王师之平蜀也，大破逆贼王平藩[1]于保宁[2]，获苗人三千，皆释而归之。及进兵滇中，吴世璠[3]穷蹙[4]，遣苗人济师以拒我。苗不肯行，曰："天朝活我恩德至厚，我安忍以兵刃相加遗耶？"夫苗之犷猂，不可以礼义驯束，宜若天性然者。一旦感恩怀德，不忍轻倍[5]主上，有内地士民所未易能者，而苗顾[6]能之，是可取也。子舆氏[7]不云乎："以力服人者，非心服也，力不赡[8]也；以德服人者，中心悦而诚服也。"宁谓苗异乎人而不可以德服也耶？

〔注释〕

［1］王平藩：应作王屏藩，今辽宁人，吴三桂部将。吴军兵败，自缢而死。

［2］保宁：地名，今四川省阆中市。

［3］吴世璠：吴三桂之孙，吴应熊嫡长子。吴三桂病死后，继承帝位，改元洪化，吴周第二任皇帝，后兵败自杀。

［4］穷蹙：窘迫、困厄。《文选·宋玉》："悲忧穷蹙兮独处廓，有美一人兮心不绎。"

［5］倍：通"背"，背叛。

［6］顾：反顾，反而。

［7］子舆氏：即孟子，子舆是孟子的字。其后引言出自《孟子·公孙丑上》。

［8］赡：充足，丰富。

〔译文〕

训教说：我军在平定四川时，在保宁大败逆贼王平藩，俘获了三千多苗族人，后来都把他们释放回家了。待到我军进军云南中部时，吴世璠穷途末路，就派人鼓动苗族人支援他的军队，以抵抗我天朝大军。苗族人不肯依从，他们说："天朝曾让我们活命的恩情厚重，我们又怎么忍心用武力相加呢？"苗族人粗犷彪悍，生性野蛮，是不能够用礼义来驯服约束的，这就好像是天性使然。但他们一旦对有恩于他们之人感恩戴德，就不忍轻易背叛自己的主人和上级，这样的事，中原的读书人、普通百姓一般都很难做到，而苗族人反而能做得很好，这是他们的可取之处。孟子不是这样说过么："用武力征服他人的，他人并不心悦诚服，是他们的武力不够强大之故；用恩德去感化、征服他人的，才能使人心悦诚服。"难道说苗族人和普通人不同，不能用恩德去感化征服吗？

〔延伸阅读〕

吴世璠是吴三桂之孙、吴应熊之长子。顺治十年（1653），因吴三桂功高，多尔衮做媒将皇太极之女和硕公主下嫁吴三桂儿子吴应熊，并封其为“和硕额驸”，长留京城。吴三桂反清，派密使到京接吴应熊回滇，吴应熊不肯，只将长子吴世璠秘密带出京师。

康熙十三年（1674），吴应熊和其次子吴世琳被康熙诛杀，吴三桂起兵。康熙十七年（1678），吴三桂在衡阳称帝，封吴世璠为皇太孙。不久吴三桂病重，召吴世璠至横州交待后事。还未等到吴世璠来到，吴三桂便已病死，众将领秘不发丧。吴世璠迎吴三桂遗体至贵阳，即帝位，定明年为“洪化”元年（康熙十八年），尊其祖父为“太祖高皇帝”，其父吴应熊为“孝恭皇帝”。

吴三桂死后，吴世璠威望不足，吴军军心涣散。康熙十九年（1680），吴世璠逃至昆明，同时，吴三桂侄子吴应期及其子在内部倾轧中丧命，吴氏集团崩溃。

康熙二十年（1681），清军三路入滇，两军激战数月。十月，清兵进抵昆明城下，吴将余从龙、吴成鳌被清廷策反，欲擒吴世璠以献清军。吴世璠自刎。

〔以史为鉴〕

孟子曰：“以力假仁者霸，霸必有大国；以德行仁者王，王不待大。汤以七十里，文王以百里。以力服人者，非心服也，力不赡也；以德服人者，中心悦而诚服也，如七十子之服孔子也。诗云：‘自西自东，自南自北，无思不服。’此之谓也。”《孟子· 公孙丑上》的这段话，从霸道与王道、武力治国和德行天下两方面对比用人之术，对历代君王都产生了深刻的影响。

王道即用心用德，使人从内心深处感服，愿意为人付出、为人所使。而霸道则是用力用术，以强于人的机遇和能力，借助外力使人臣服，服从者为势所屈，不得已而服，难以真心相从。

康熙深谙用人之道，且懂得刚柔并济，并能做到收放自如。处乱世之时，“威猛”二字是治国之本；处治世之中，“仁者无敌”乃是最佳统驭之术。在军事上，康熙采取剿抚并用、以德服人的方针，即《清圣祖实录》所载“乱则声讨，治则抚绥”。他在《御制亲征平定朔漠方略序》中说：“仰凭天道，俯惬人情，以万不得已而用兵。”康熙从本朝实例出发，论述不修长城的原因时说：“帝王治天下，自有本原，不专恃险阻。秦筑长城以来，汉、唐、宋亦常修理，其时岂无边患？明末，我太祖统大兵长驱直入，诸路瓦解，皆莫敢当。可见守国之道，惟在修德安民，民心悦服，则邦本得，而边境自固，所谓众志成城者是也。”

人心不可欺。倚仗武力来使他人屈服，他人并不是内心臣服，而是实力不足以反抗。只有以恩德服人、尊重人，人们才会身服心服。不仅统治者对待臣民要以德服人，即便是普通人之间，交往时也不可以力相欺，而是应该以诚相待。

修德之功，在于主敬

训曰：子曰："鬼神之为德，其盛矣乎！……使天下之人，齐明盛服，以承祭祀。洋洋乎！如在其上，如在其左右。"[1]盖明[2]有礼乐，幽[3]则有鬼神。然敬鬼神之心，非为祸福之故，乃所以全吾身之正气也。是故君子修德之功，莫大于主敬。内主于敬，则非僻[4]之心无自而动；外主于敬，则惰慢[5]之气无自而生。念念[6]敬斯念念，正时时敬斯时时，正事事敬斯事事；正君子无在而不敬，故无在而不正。《诗》曰："明明在下，赫赫在上。"[7]"维此文王，小心翼翼，昭事上帝，聿怀多福。"[8]其斯之谓与？

〔注释〕

［1］语出《中庸》："子曰：'鬼神之为德，其盛矣乎！视之而弗见，听之而弗闻，体物而不可遗。使天下之人，齐明盛服，以承祭祀。洋洋乎！如在其上，如在其左右。'"齐：通"斋"，斋戒。明，洁净。盛服：即盛装。

［2］明：明亮，指看得到的社会生活。

［3］幽：阴暗，指看不到的个人心里。

［4］非僻：错误，偏邪。

［5］惰慢：轻薄下流。《礼记·乐记》："惰慢邪辟之气，不设于身体。"

［6］念念：指极短的时间，起灭连续不断。又作刹那解。此处作常常想念、不能忘记解。

［7］语出《诗经·大明》："明明在下，赫赫在上。天难忱斯，不易维王。天位殷适，使不挟四方。"明明：光采夺目的样子。在下：指人间。赫赫：明亮显著的样子。在上：指天上。

［8］语出《诗经·大明》："大任有身，生此文王。维此文王，小心翼翼。昭事上帝，聿怀多福。厥德不回，以受方国。"昭：借作"劭"，勤勉。事：服事、侍奉。聿怀：笃念之意。

〔译文〕

教训说：孔子曰："鬼神的德行，真是盛大得很哪！……让天下人斋戒净心，穿起严肃的祭服，举行祭祀神灵、祭祀先祖的仪式，心中想象着鬼神仿佛就在头顶上方，如在身旁。"大概明处有礼乐，阴间有鬼神。可是敬畏鬼神的心境，不是为了祸福的缘故，而是敬畏之心可以用来保全我们身心的正气。所以君子修养品德的功夫没有大于主敬的。内心主于敬，那邪僻的心就无从而动；外在主于敬，那懒惰散漫之气就无从产生。每个心念敬，则每个心念正；时时主敬，就时时端正；事事主敬，就事事端正。君子无处不主敬，所以无处不端正。《诗经》说："清明的德行广布于下，赫赫的神灵显在天上。"又说："就是这个文王小心谨慎，明白怎样尊奉上帝，招来幸福无限。”不就是说的这个吗？

〔延伸阅读〕

古往今来，鬼神观一直在中国传统文化中占据重要地位。《论语·述而》里讲：“子不语怪力乱神。”后来人们便以“子不语”代指怪异的事物。

但这并非是说孔子完全不说鬼神。实际上，孔子对鬼神的态度是存敬畏之心强调其道德作用。儒家讲究中庸之道，对鬼神敬而远之，但不主张主动追求、盲目崇拜。宋朝朱熹曾说“鬼神，造化之迹，虽非不正，然非穷理之至，有未易明者，故亦不轻以语人也”。可见，古人都强调通过对鬼神的敬畏而达到对万事万物的诚。

古人认为，鬼神代表阴阳二气。鬼即归，万事万物所归的原点；神即申，是万事万物发展壮大的终极。以此对应，鬼属阴，神属阳。《中庸》原篇章第一句表达鬼神对道德的作用，第二句描述鬼神特性，第三句是讲鬼神让人产生敬畏之心，突出了鬼神在道德修养中的作用，并以此达到孔子所说的“敬鬼神而远之”的目的。

〔以史为鉴〕

“主敬”是儒家颇为看重的一种修身途径，《周易》说“君子敬以直内”，意思是君子主敬以使内心正直。《论语》对于“敬”的论述则更多，如《论语·子路》“居处恭，执事敬”；《论语·季氏》“貌思恭，言思忠，事思敬”；《论语·卫灵公》“敬其事而后其食”等。

宋代理学家程颐注重发挥内心涵养功夫，主张“涵养需用敬，进学则在致知”，即以虔敬之意收敛己心。他强调“如何为主，敬而已矣”“所谓敬者，主一之谓敬”“一者无他，只是整齐严肃，则心便一”“学者须敬守此心，不可急迫，当栽培深厚”。（《河南程氏遗书》）

康熙十分注重“主敬”，他曾撰联题福建考亭书院集成殿：“诚意在心，阐邹鲁之实学；主敬穷理，绍濂洛之真传。”明清两代，大臣讲“经筵”以及帝王学习的地方，一是文华殿，一为主敬殿。主敬殿是文华殿后殿，规制与文华殿略似而进深稍浅。幼主通过在此学习掌握知识，明白自己所担当的责任。执政的帝王则借此探讨经义，了解历代治国得失。在康熙看来，鬼神不可不信，但又不必通过敬神去祈福或避祸，而是通过对鬼神的敬畏来达到修身之用，培养出随时随地随事都须有的敬畏之心。

清初理学崇尚主敬，为康熙进讲的大臣熊赐履自称：“赐履每有奏对，必引经传。唯恐片语支字有谬于先圣先贤之旨。”他说自己“不敢忘行谬说，创为别解，以侮圣言，辜清问”（《经义斋集》卷二）。他告诫康熙，人君必须清心寡欲，常存敬畏之心，“若心体一有所著，为外物所蔽，而本体失矣。本体一失，诸事尚可问乎？古之人臣，无时不以存敬畏、戒逸豫告诫其君者，良有以也”（《康熙起居注》康熙十二年九月初八日）。又进一步指出，“帝王之治本于心，帝王之心主于敬”（《闲道录》卷上）。康熙深为赞同。

曾国藩曾立“传家遗嘱四条”：慎独、主敬、求仁、习劳。他的日课十二条第一便是主敬：整齐严肃，无时不惧。无事时心在腔子里，应事时专一不杂。清明在躬，如日之升。在他看来，“聪明睿智，皆由敬出”。

对人强调严肃整齐，庄重有礼，这是敬人。对己强调心无杂念，谨慎小心；做事则兢兢业业、认真踏实，这是敬业。曾国藩敬神、敬刑、敬民、敬位，对天下时刻保持一颗恭敬、敬畏之心。他打仗强调“七分天意，三分人力”，这是“敬神”；对刑罚保持敬畏，这是“敬刑”，水能载舟，亦能覆舟，对百姓敬畏，这是“敬民”；对自己的位置和权力有所敬畏，这是“敬位”。

诚敬存心，实心体贴

训曰：为臣子者，果能尽心体贴君亲[1]之心，凡事一出于至诚，未有不得君亲之欢心者。昔日太皇太后驾诣[2]五台，因山路难行，乘车不稳，朕命备八人暖轿[3]。太皇太后天性仁慈，念及校尉[4]请轿，步履维艰，因欲易车。朕劝请再三，圣意不允。朕不得已，命轿近随车行。行不数里，朕见圣躬[5]乘车不甚安稳，因请乘轿，圣祖母云："予已易车矣，未知轿在何处？焉得即至？"朕奏曰："轿即在后。"随令进前。圣祖母喜极，拊[6]朕之背，称赞不已，曰："车轿细事，且道途之间，汝诚意无不恳到，实为大孝。"盖深惬圣怀，而降是欢爱之旨也。可见凡为臣子者，诚敬存心，实心体贴，未有不得君亲之欢心者也。

〔注释〕

［1］君亲：君王与父母。亦特指君主。

［2］驾诣：起驾到达。

［3］暖轿：有帷幔遮蔽的轿子。

［4］校尉：官名。中国历史上重要的武官官职。校，军事编制单位。尉，军官。校尉为部队长之意。

［5］圣躬：皇帝的身体。此处指太皇太后的身体。

［6］拊：抚摸。

〔译文〕

训教说：凡是作为臣下、人子的，确实能尽心体贴国君、父母之心，做什么事情都能出自真诚，那么，决不会得不到国君和父母的欢心的。以前，我祖母太皇太后驾幸五台山，因为山路难行，坐车不稳妥，我就命人准备了八抬暖轿。我祖母天性仁慈，考虑到抬轿的侍卫们行走困难，因而要改轿为车。我再三请求，她不答应，不得已，我只能命轿跟随在车后面行走。走了没几里路，我注意到祖母坐在车里不怎么安稳，因而再次恳请她坐轿，祖母说："我已经换乘车了，不知道轿在哪里，哪能马上就到？"我启奏说："轿就在后面。"随即就命令把轿抬到祖母跟前。祖母高兴极了，抚摸着我的背，对我称赞不已说："车、轿都是些小事情，况且是在路途之中，但是你的诚恳之意却是无微不至，这实在是大孝顺。"这是由于事情做得合乎祖母的心意因而赐下来的欢爱意旨。可见作为臣下、人子者，真心的敬爱，实在的体贴，没有得不到国君、父母的欢心的。

〔延伸阅读〕

五台山位于山西省五台县境内，历史悠久，是中国佛教四大名山之一。北魏孝文帝、隋炀帝、宋太宗、元英宗、清康熙及乾隆等都曾驾幸五台山。五台山是文殊菩萨道场，五座山峰分别供奉文殊菩萨的五个化身，分别是东台望海峰聪明文殊，西台挂月峰狮子文殊，南台锦绣峰智慧文殊，北台叶斗峰无垢文殊，中台翠石峰孺者文殊。文殊菩萨在藏传佛教中也具有较高地位，因此五台山也受到我国西藏、内蒙古等地少数民族的尊崇，是我国唯一汉地佛教和藏传佛教寺庙并存的道场。

菩萨顶位于五台山灵鹫峰，是五台山十座藏传佛教寺庙的首庙，因其形似拉萨的布达拉宫，故又称喇嘛宫。菩萨顶据传是文殊菩萨居住的地方，到清朝时成为皇室寺庙，地位极其尊贵。顺治十七年（1660），菩萨顶由青庙（汉传佛教寺庙）改为黄庙（藏传佛教寺庙），并从北京亲派喇嘛前往住持。清康熙年间，又敕令重修菩萨顶，并向该寺授“番汉提督印”。康熙先后五次朝拜菩萨顶，乾隆则是六次。菩萨顶山门外水牌楼上的“灵峰胜境”和文殊殿前石碑坊上的“五台圣境”，都是康熙御书。菩萨顶东禅院内的碑文，则是乾隆御笔。

〔以史为鉴〕

清代皇家宗室和五台山渊源颇深。传说董鄂妃去世后，顺治万念俱灰，决意落发出家，“愿老和尚勿以天子视朕，当如门弟子旋庵相待”，但在玉林琇禅师和朝中诸臣的劝诫下作罢。作为安慰和开导，禅师安排顺治去五台山进香，顺治却因感染天花撒手人寰。

孝庄太皇太后自幼笃信藏传佛教，去五台山菩萨顶礼佛，并借此怀念儿子，是她多年的夙愿。康熙二十二年（1682）二月，康熙先率皇太子胤礽前往五台山，小住四日，拜谒神佛，为祖母“致祈景福”，并颁发帑金，修缮庙宇，“御书匾额，依次颁布”，并为寺院亲撰碑文。返京后，又令工部修整京城至五台山道路、桥梁，为太皇太后之行做准备。九月初，工程竣工，康熙与硕裕亲王福全、硕恭亲王常宁在前方带路，十九日，康熙抵菩萨顶，奏书祖母路途艰险：“銮驾既已到此，臣岂不欲太皇太后圣祖母至菩萨顶瞻礼，但极危至险之处不行奏明，为孙者不能即安也。”并恳请祖母“仍询太监赵守宝定夺”。太皇太后坚持不愿放弃。康熙不愿让祖母失望，尽管路途艰险，山势过陡，仍谕令抬轿校尉及随侍内监小心扈行。九月二十四日早起驾，行至长城岭，孝庄见抬轿之人步履维艰，于心不忍，执意易车。康熙暗自“命轿近随车行”。车身不稳，康熙请祖母仍改乘轿。孝庄无奈说：“予已易车矣，未知轿在何处，焉得即至？”不料话音未落，康熙已让人将紧随车后的轿子抬到祖母身边。孝庄大喜，抚摸着孙儿的脊背，连称他孝顺。

康熙五上五台山，留下诸多诗文墨宝，其中有《菩萨顶》诗一首：“四十余年礼世伽，本来面目是天家。清凉无物何所有，叶斗峰横问法华。”雍正在康熙第四次上五台山时曾以皇子贝勒身份随驾，登帝位之后再也无暇出游。乾隆六上五台山，成为历史上到过五台山次数最多的皇帝。乾隆五十七年（1792）三月下旬他第六次上五台山，在菩萨顶汉白玉四棱碑上的《灵鹫峰文殊寺瞻礼偶效禅语》诗中述说了自己喜欢上五台山的原因。诗曰：“六度重兹到五台，默符天地数中该。不期再至却常住，即日言归底幻来。大士如如据莲座，金容永永镇华垓。梵宗儒理本无二，七字因缘讵辩才。”乾隆在第二句末注说：“《汉书》云：‘五六者天地之中，合予凡六度来五台，其数适相符协云。’”即他六上五台山，和康熙五次登临，都符合史书所说的“天地之数”。

须臾不离一敬字

训曰：诸国必有一所敬之神，即如我朝之敬祀祖神者，如蒙古、回子、番[1]、苗、猓猓[2]以及各国之人皆自有一所敬之神。由此观之，天之生斯人也，敬之一字，凡事不可须臾离也。

〔注释〕

［1］番：清代少数民族，即今天台湾省之高山族。

［2］猓猓：我国西南少数民族彝族的旧称。

〔译文〕

训教说：每个国家、民族都必定有其各自所敬重的神祇，就像我朝敬重祭祀祖神一样，比如蒙古族、回族、高山族、苗族、彝族以及其他各国之人都有各自所敬重的神祇。由此看来，上天创造我们人类，“敬”这个字，凡事都不可片刻离开啊。

〔延伸阅读〕

13世纪初，蒙古军队西征，一批中亚人及基督徒、犹太人，以驻军屯牧的形式，以工匠、商人、学者、官吏、掌教等不同身份迁徙我国。直到明代，回族最终形成。据文献记载，回族“同类则相遇亲厚，视若亲厚，视若至亲”，“自守其俗，终不肯变”。清代，回族人以农业为主，兼营牧业、手工业和商业，其足迹遍及乡村和城市，内地和边疆。

番族，即今之高山族。清俞正燮《癸巳类稿·台湾府属渡口考》：“（鸡笼）山中番族百四十有奇，人无姓，依妇以居，山田植薯芋、甘蔗。”番族内部有阿美人、泰雅人、排湾人、布农人、鲁凯人、卑南人、曹人、雅美人、赛夏人等不同族群、不同名称，主要分布在台湾中部山区和东部纵谷平原。其先民为百越的一支，三国时称山夷，隋代称流求土人。唐以后有马来人和其他民族迁入台湾，与原居民相融合。明代始形成单一民族，称东番夷或土番。清代称番族，又分野番、生番和熟番等，也有平埔番、高山番等名称。野番指远在深山，社会经济发展水平较低的番族；生番指居于深山丛林及溪谷险阻处，主要从事狩猎，辅以农耕，社会经济发展水平高于野番的高山番；熟番指居于靠近平地的山溪之间，或散布于城市附近平原，以农耕为主，狩猎为辅，社会发展水平接近汉人的平埔番。就番族整体而言，是以农业生产为主，渔猎为副。他们能歌善舞，有自己的语言，却无文字。顺治十八年（1661），台湾番族曾接应郑成功，反抗荷兰殖民者的侵略。光绪二十一年（1895）后，又与汉族同胞一起进行反抗日本侵略者的斗争。

猓猓是对我国西南少数民族彝族的旧称。清代田兰芳著《云南楚雄府通判袁公（袁赋诚）墓志铭》：“猓猓则冬夏披羊皮耕田，语言虽不相通，而畏官惧刑，有太古风。”

〔以史为鉴〕

古人相信天人合一，古代儒家敬重“天地”，民间家庭都供奉有“天地君亲师”的牌位。而君王须按节令拜祭天地，以求国泰民安，从而形成了古代帝王拜祭天地的传统。

康熙此前曾说：“是故君子修德之功，莫大于主敬。内主于敬，则非僻之心无自而动；外主于敬，则惰慢之气无自而生。”他认为鬼神不可不信，但又主张并不一定要通过敬神去乞福或避祸，而是由此培养出一种随时随地随事都必须具有的敬畏之心。

曾国藩晚年也曾说：“主敬则身体强健。”主敬事关一个人的精神状态，一个人的精神状态是好还是坏，直接决定了他事业的成败与否。《论语》说“居处恭，执事敬”，《周易》说“敬以直内，义以方外”；程朱理学和阳明心学都讲究主敬，在内专一纯静，在外整齐严肃，这是敬的工夫；出门如同看见贵宾，对待百姓像行大祭祀一样恭敬，这是敬的气象；自我修养以让百姓平安，忠实恭顺而使天下太平，这是敬的效验。

当存敬畏之心

训曰：人生于世，无论老少，虽一时一刻不可不存敬畏之心。故孔子曰："君子畏天命，畏大人，畏圣人之言。"[1]我等平日凡事能敬畏于长上[2]，则不得罪于朋侪[3]，则不召过，且于养身亦大有益。尝见高年有寿者，平日俱极敬慎，即于饮食，亦不敢过度。平日居处尚且如是，遇事可知其慎重也。

〔注释〕

［1］语出《论语·季氏》。

［2］长上：长辈，上司。主要是指那些年长而又有官位者。

［3］朋侪：朋友同辈。

〔译文〕

训教说：人生在世，无论是年老年少，每时每刻都不能不心存敬畏之心，所以孔子说：“君子敬畏天命，敬畏地位高、德行高的人，敬畏圣人的名言教诲。”我们平日里无论做什么事都能敬重那些年长位高者，就不会得罪朋友或者同辈，也就不会导致过错，且对自身修养也大有益处。我曾经见过那些年纪高的老者，平日里都心存敬畏，言行谨慎，即使是饮食，也不敢过度。平日的饮食起居尚且如此，遇到事情时就知道他们的慎重态度了。

〔延伸阅读〕

《论语·季氏》中，孔子说：“君子有三畏：畏天命，畏大人，畏圣人之言。小人不知天命而不畏也，狎大人，侮圣人之言。”孔子说：“君子敬畏有三，即敬畏天命，敬畏地位高、德行高的人，敬畏圣人的教诲；小人不懂天命而不知敬畏，他轻慢德高的君主，蔑视轻侮圣人的遗训。”

“天命”指上天的意志，自然规律。“大人”指德高望重的君主。“圣人之言”即古圣先贤遗留下来的名言及训诫等。孔子把君子和小人进行对比，因为君子和小人的角色随时都有可能互换，因为绝大多数人有时候是君子，有时候又止不住自己的小人之心。在孔子看来，一个人心中应该有所敬畏。这里实际涉及三个方面的问题：天命关乎人们的信仰，大人关乎社会规范，圣人之言则关乎思想权威。一个人，有信仰、守规范、有思想，才会活得有目标、有意义。反之，若一个人全然无畏，缺乏信仰、规范和思想指导，则会恣意妄行，无所不为，甚至无恶不作，这在孔子看来，是非常可怕的。

〔以史为鉴〕

即使贵为君王，也要有敬畏之心。康熙深谙“水能载舟，亦能覆舟”的道理，他借孔子之言告诫子孙要居安思危、谨言慎行，常存忧患之心。

南宋学者朱熹在《中庸章句》中说：“君子之心，常存敬畏。”明代洪应明所著《菜根谭》里也说：“自天子以至于庶人，未有无所畏惧而不亡者也。上畏天，下畏民，畏言官于一时，畏史官于后世。”明代吕坤《呻吟语》也说：“畏则不敢肆而德以成，无畏则从其所欲而及于祸。”敬就是尊重，畏就是害怕，人生在世，不能随心所欲，而是要有所敬畏。人一旦没了敬畏之心，就会变得肆无忌惮、为所欲为，直至最终吞下苦果。

康熙十分强调敬畏之心，《康熙政要·论君道》上记载他曾对大臣们说的话：“人主势位崇高，何求不得？但须有一段敬畏之意，自然不至差错。即有差错，自能省改。若任意率行，略不加谨，鲜有不失之纵佚者，朕每念及此，未尝一刻敢暇逸也。”

敬畏不仅是一种人生态度，也是一种行为准则。曾国藩也说自己平生有“三畏”：畏天命、畏人言、畏君父。曾国藩一生始终常怀敬畏之心，坚守做人做事做官做学问的基本准则，时刻保持清醒的头脑，最终成就自我。

德国哲学家康德曾对人说：“我一生中敬畏两件事，一是浩瀚的星空，二是内心的道德。”康德此言，一方面怕自己学识不够，另一方面则害怕自己的道德不够。天命、大人、圣人之言，代表着真、善、美，是古代修德之人的人生目标和内在良知的体现，具有促进人与人、人与社会、人与自然形成和谐关系的作用。没有对天地的敬畏，人们便可以肆意破坏生态环境；没有了对人事的敬畏，人们便可以放任自己的欲望，乱用手中的权力和财富，这无疑是极其有害的。

追远致敬，每事不忘

训曰：昔者喀尔喀尚未内附之时，惟乌朱穆秦[1]之羊为最美。厥后，七旗之喀尔喀[2]尽行归顺，达里岗阿[3]等处立为牧场。其初贡之羊，朕不敢食，特遣典膳官[4]虔供陵寝，朕始食之。即如朕新制法蓝[5]碗，因思先帝时未尝得用，亦特择其嘉者恭奉陵寝，以备供茶。朕之追远致敬，每事不忘，尔等识之。

〔注释〕

［1］乌朱穆秦：清代漠北蒙古族的一个部落，噶尔丹叛乱后曾深入此处。

［2］七旗之喀尔喀：即七鄂托克喀尔喀。

［3］达里岗阿：即达里岗爱牧场，也称达里甘嘎，现属蒙古国。

［4］典膳官：清代王府属官，掌供王府膳馐之事。顺治八年（1651）定制亲王府、郡王府各一人，从六品。

［5］法蓝：即珐琅，又称景泰蓝。康熙时期的画珐琅器釉色亮丽洁净，纹饰以写生花卉及图案式花卉为主。

〔译文〕

训教说：以前喀尔喀诸部落尚未归顺之时，只有乌朱穆秦地区的羊最为鲜美。此后，喀尔喀七旗全部归顺我朝，在达里岗爱等处设立牧场。他们一开始进贡的羊，我不敢一个人独吃，特意派遣负责饮食的典膳官虔诚地到祖宗陵寝前供奉过后，我才食用。即便是我新制的珐琅碗，因为想到先帝在世的时候未能用上，也特意挑选上好的碗恭敬地摆放在陵寝前，以备上茶时使用。我怀念先人并向其致敬，有什么事也不忘记他们，你们也要牢记这一点。

〔延伸阅读〕

15世纪中叶，成吉思汗第十五代孙巴图孟克统一蒙古诸部，继汗位。他将喀尔喀万户分封予阿尔楚博罗特和格埒森札二子成两部。阿尔楚博罗特领内五鄂托克喀尔喀地区，形成漠南内五鄂托克喀尔喀集团。格埒森札领外喀尔喀地区，将其所属领地全部分封给7个儿子，称外七鄂托克喀尔喀，后称“喀尔喀多伦和硕”（即喀尔喀七旗），分为东、西、中三路，以三汗掌之。

清朝顺治十年（1653）二月，达赖诺颜长子本塔尔携其弟本巴什希、札木素、额琳沁及侄子衮布，率户千余归附清朝。是年三月，清廷诏封本塔尔为札萨克和硕达尔罕亲王，统其部，赐牧塔尔浑河及艾布盖河流域。与内札萨克蒙古诸部并列，诏世袭罔替，称为喀尔喀右翼部。

乾隆四十年（1775），在札萨克多罗达尔罕贝勒拉旺多尔济执政时，向理藩院提出明确指定牧地边界，以免再发生边界纠纷和冲突。不久，清廷重新下达追叙边界线书，并附有地图。据历史档案记载，喀尔喀右翼部牧地边界和管辖范围，北与喀尔喀莫日根王旗卓索图山一棵树（干查毛都）查日红格尔为界；西与茂明安和乌拉特三公旗交界处阿布日勒陶古思、德日斯图陶海为界；南与归化城土默特格楚敖包、哈土玛勒河、陶思图敖包为界；东与四子部落、乌力敖苏、白头花为界自本塔尔亲王至策思德巴拉吉尔札萨克诺颜，喀尔喀右翼部（达尔罕贝勒旗）王公共传世袭10余代，达296年之久。

〔以史为鉴〕

达里岗爱牧场，即达里甘嘎，是清廷在传统畜牧业活动的基础上，集中牧养牲畜的场所。清朝的官牧场主要划分为由朝廷开办的太仆寺牧场、由内务府开办的皇室牧场（上驷院牧场）、八旗牧场和绿营牧场地方开办的军牧场四大类。

顺治初年，清廷在张家口外设置种马场，于陕西省设立苑马寺，为军队牧养或提供马匹，皆隶属于兵部。康熙四年（1665）裁去苑马寺，扩大种马场。五年后，种马场改属于太仆寺，并分设察哈尔左右两翼牧场。清初在独石口外设立的直属于上驷院的御马场，地处上都、达里冈爱、商都、达布逊诺尔等处，水草丰茂，地界绵延千余里。

边地官牧场的牧丁需要像一般封建户政下的编民一样，承担提供朝廷所需贡物的义务。每年定例将一些畜产品解送到朝廷，交给内务府御膳房，供皇帝和各宫室食用。如在张家口外为正黄、镶黄、正白三旗牧放牛群、羊群的1620名牧丁，每年必须向皇族进贡乳酥油1.0122万斤，乳油4927斤，大小乳饼1158斤。

但到乾隆朝以后特别是嘉庆年间，随着军队官僚主义的滋生，牧场制度松弛，牧场逐渐狭窄、水草不敷，所养牲畜疲瘦伤残之事不时发生，官牧场逐渐走向衰落。

康熙朝珐琅彩工艺，采用景德镇烧制上好的瓷胎送入宫中，由宫中造办处珐琅作选胎、画师遵旨绘画纹饰、施彩后入宫内彩炉烘烧而成。这一举措将珐琅彩瓷的制胎与施彩烧制分为两地进行，改变了自元以来官窑瓷器烧制一律由景德镇制作的惯例，使得清宫垄断了珐琅彩瓷器的纹饰绘画和施彩烧制，保证了内廷对于珐琅彩瓷器烧造的控制。

康熙十九年（1680），武英殿、养心殿设立造办处；康熙三十年（1691），宫廷新试烧成功珐琅碗，康熙挑选其中最好的供奉在顺治帝的陵前，以表孝心。康熙对欧洲传教士的画珐琅非常感兴趣，康熙五十七年（1718），武英殿“珐琅作”改归养心殿专门制造宫廷专业器物，从此景泰蓝的象征等级上升到了顶峰。史料记载，乾隆四十四年（1779）除夕年夜饭，只有乾隆的餐具是景泰蓝的，其他人只能使用瓷质餐具，可见景泰蓝作为皇权专属象征的尊崇地位。

到乾隆四十七年时（1782），乾隆下旨，造掐丝珐琅佛塔六座，其中蓝地缠枝莲八宝纹宫殿亭式塔，高达239厘米。乾隆以后，随着国家财政的衰退，景泰蓝工艺也急剧下降。

虽然康熙在本篇中着重强调了孝道，但也从另一方面展示了康熙朝的政治、军事，以及经济、文化方面的实力。

至诚无息，积德累功

训曰：人之为圣贤者，非生而然也，盖有积累之功焉。由有恒而至于善人[1]，由善人而至于君子，由君子而至于圣人，阶次之分，视乎学力之浅深。孟子曰："夫仁亦在乎熟之而已矣。"[2]积德累功者亦当求其熟也。是故有志为善者，始则充长之，继则保全之，终身不敢退，然后有日增月益之效。故至诚无息，不息则久，久则征，征则悠远，悠远则博厚，博厚则高明。[3]其功用岂可量哉！

〔注释〕

［1］善人：有道德的人；对人关怀，肯行善的人。如《论语·述而》："善人，吾不得而见之矣；得见有恒者，斯可矣。"

［2］语出《孟子·告子上》："五谷者，种之美者也。苟不为熟，不如荑稗。夫仁亦在乎熟之而已矣。"熟：代指成效、成果。

［3］语出《中庸》："故至诚无息，不息则久，久则征，征则悠远，悠远则博厚，博厚则高明。博厚，所以载物也；高明，所以覆物也；悠久，所以成物也；博厚配地，高明配天，悠久无疆。"

〔译文〕

训教说：一个人之所以能成为圣贤，并非天生如此，而是日积月累形成的。由有恒心逐渐发展成道德完善的人，由道德完善之人发展成君子，再由君子发展成为圣人，这里面高下等级之分，取决于一个人学识、能力的深浅程度。孟子说："达到仁的境界，需要积累、使之成熟啊！"注意积累功德的人也要等到时机成熟。因此，有志于向善的人，开始的时候，要充实、成长，继而要巩固、保全，终生绝不后退，然后才能收到日增月长的效果。所以，拥有至真至诚之心会使人自强不息，自强不息就会保持长久，保持长久就会通达，通达才能悠远，悠远就会广博深厚，广博深厚就会高大光明。日积月累的作用怎能计算清楚呢？

〔延伸阅读〕

《孟子·告子上》："孟子曰：'五谷者，种之美者也；苟为不熟，不如荑稗。夫仁亦在乎熟之而已矣。'"孟子说："五谷，是粮食中的好品种；但如果不成熟，则不如荑草和稗草。求仁向善，也需要时机成熟。” 在孟子看来，仁的培养就像种庄稼一样，需要深耕细作、用心呵护，使其成熟结果。如果播撒下种子之后就不闻不问，任其自然生长，则没有结果的庄稼还不如用作牲畜饲料的荑草和稗草。

《中庸》上说：“故至诚无息，不息则久，久则征，征则悠远，悠远则博厚，博厚则高明。博厚，所以载物也；高明，所以覆物也；悠久，所以成物也；博厚配地，高明配天，悠久无疆。”真诚是没有止息的。生命不息，真诚不已，这是儒家修身的要求。真诚不仅不能停止，还要显露发扬，使其悠远长久、广博深厚、高大光明，以达到承载、覆盖、生成万物的境界。

〔以史为鉴〕

圣人不是一天修炼而成的，积德行善也不是一蹴而就的。对于仁心的培养，孟子认为要像种植五谷一样，通过自己的悉心照料，使之成熟。不仅如此，孟子同时还重视仁、义、礼、智的培养，他从人们的恻隐、羞恶、辞让、是非四心出发，将其指向为仁、义、礼、智的发端，认为他们是像五谷一样对人有益的种子。人们如果希望自己的人生获得一个良好的收成，就应该像农夫种植一样，使其得到最好的成长，以便结出丰硕的果实。

如何才能行仁道呢？儒家学习圣贤之道，讲究自始至终，即“童而习之白首不废”，从童年时期一直到暮年，从不放弃对自己身心的改造和修炼，并以此在精神上、德性上、境界上追求永恒。康熙借用《中庸》里的话，说明至诚是不能停息的，不停息才能长久，长久才能广博深厚、高大光明。

成都文殊院有一副唐代华严宗大师李通玄写的对联：“十世古今始终不离当念，无边刹海自他不隔毫端。”过去、现在、将来，繁华大千世界，无穷无尽，都离不开当下一念与心中所指。一个人不断做善事，日积之功不废，月累之绩不断，那么这个人就称得上悠远而道德广博深厚了。《周易·恒卦·彖辞》说：“日月得天而能久照，四时变化而能久成，圣人久于其道而天下化成。观其所恒，而天地万物之情可见矣。”做人做事，积德行善，都需要凭借个人意志一以贯之、善始善终。

三、孝善篇

良心能胜私欲

训曰： 朱子云："人作不好底事，心却不安，此是良心。但被私欲锢蔽，虽有端倪，无力争得出。须是着力与他战，不可输与他。知得此事不好，立定脚跟硬地行，从好路去，待得熟时，私欲自住不得。"此一节语乃人立心之最要处。良心能胜私欲，为圣为贤，皆此路也。欲立身心者，当详究斯言。

〔译文〕

训教说：朱熹说：“人如果做了不好的事，内心不安，这说明这个人还有良心。但如果人被私欲所蒙蔽禁锢，虽然有不安的表现，但无力挣脱出来。需要全力与它作斗争，不能输给私欲。知道这件事情不好，要站稳脚跟从好的方面去做，等到成熟了以后，私欲自然站不住脚。”这一段话是人修心的关键所在。良心能够胜过私欲，成为圣人、贤能的人，都是通过这一途径而成功的。想修身修心的人，需要详细琢磨这句话。

〔延伸阅读〕

《朱子语类》上有一段学生与朱熹的问答——问“察其所安”云：“今人亦有做得不是底事，心却不安，又是如何？”曰：“此是良心终是微，私欲终是盛，微底须被他盛底胜将去。微底但有端倪，无力争得出，正如孟子说‘非无萌蘖之生’一段意。当良心与私欲交战时，须是在我大段著力与他战，不可输与他。只是杀贼一般，一次杀不退，只管杀，杀数次时，须被杀退了。私欲一次胜他不得，但教真个知得他不好了，立定脚根，只管硬地自行从好路去。待得熟时，私意自住不得。”因举濂溪说：“‘果而确，无难焉。’须是果敢胜得私欲，方确然守得这道理不迁变。”问：“有何道理可助这个果？”曰：“别无道理助得，只是自著力战退他。”（《朱子语类》卷二十四）

濂溪先生即周敦颐。在本段中，朱熹将良心与私欲交战的情况作了进一步补充，他强调，当良心遇到私欲时，需要像杀敌一般，一次次将私欲杀退，让它无处藏身。

〔**以史为鉴**〕

古往今来，良知都是千古圣贤代代相传的那一点真骨血。朱熹在《训蒙诗百首》中有一首《良知》：“孩提自有良知发，此亦心蒙尚未开，及壮蒙开趋万欲，良心反丧亦哀哉。”可以看出，朱熹是主张性善论的，人一生下来的时候，是有良知的。只是随着环境变迁，后来追名逐利，良知渐丧。这是一件非常令人悲哀的事情。

身为主政者和从政者，要时刻关注自己的私欲，很多时候要凭良心和良知做事。老子曾说：“太上，不知有之；其次，亲而誉之；其次，畏之；其次，侮之。”老子把国家治理分成四个等级，最高的等级叫作太上。即百姓隐约感觉到好像有人在治理国家，却又不知道是谁。因为整个国家非常和谐，人们各遂其性，各安其位，各得其乐。“其次，亲而誉之”，第二等彼此亲近，互相赞美。即儒家所讲礼乐安民，修己安百姓。“其次，畏之”，第三种就是高压政治，通过刑罚来进行惩罚，在老子看来，这并不是一种很高明的手段。最差的是“侮之”，因为政府越禁止，社会就越紊乱；反过来，老百姓越反抗，政府就越施压，最终会造成暴乱。

依照康熙自己的要求看来，他可以做到第二种境界，即“亲而誉之”，康熙在其遗诏里说：“然平生未尝妄杀一人，平定三藩，扫清漠北，皆出一心运筹，户部帑金，非用师赈饥，未敢妄费，谓此皆小民脂膏故也。所有巡狩行宫，不施采缋，每处所费不过一二万金，较之河工岁费三百余万，尚不及百分之一。幼龄读书，即知酒色之宜戒，小人之宜防，所以至老无恙。”照康熙的说法，他能够以大局为重，也能够很好地控制自己的私欲。

立好言，行好事

训曰：春至时和，百花尚铺一段锦绣，好鸟且啭无数佳音，何况为人在世，幸遇升平，安居乐业，自当立一番好言，行一番好事，使无愧于今生，方为从化之良民，而无憾与盛世矣。朕深望之。

〔译文〕

训教说：春天风和日丽，百花盛开为大自然铺就一道美丽的风景，林间的鸟儿也会婉转啼鸣出美妙的乐章，何况生而为人，有幸碰上太平盛世，安居乐业，自然应当留下些好的言论，做一些好事，使自己无愧于自己的一生，才算得上听从教化的良民，才对得起这样的太平盛世。这是我殷殷盼望的。

〔延伸阅读〕

明代洪应明在《菜根谭》上说："春至时和，花尚铺一段好色，鸟且啭几句好音。士君子幸列头角，复遇温饱，不思立好言、行好事，虽是在世百年，恰似未生一日。"这段话的意思是，春天风和日丽，花草树木都会争鲜斗艳，为大自然铺就一道美丽的风景，林间的鸟儿也会婉转啼鸣出美妙的乐章。读书人通过努力如果有幸出人头地，又能够过上丰衣足食的生活，如果不思考著下不朽的篇章，为世间多做几件善事，那么他即使能活到百岁，也宛如没有在世上活过一天一样。

《菜根谭》书名含义为人"咬得菜根，则做什么事都可成功"。乾隆五十九年（1794），"遂初堂主人"在某古刹借宿，从残经败纸中觅得残缺本《菜根谭》，然后重新整理校对，缮写成帙。"遂初堂主人"介绍说，这《菜根谭》残卷上写明了该书作者叫洪应明，但"不知其为何许人也"。只有明末藏书家冯梦桢对洪应明有所提及："洪生自诚氏，幼慕纷华，晚栖禅寂。"（《仙佛奇踪》）即洪应明早年陷身红尘，追求功名富贵，晚年看破红尘，出家为僧。

《菜根谭》中颇多金句，字字珠玑，其中一句广为流传的便是：“宠辱不惊，闲看庭前花开花落；去留无意，漫随天外云卷云舒。”

〔以史为鉴〕

《左传》说：“太上有立德，其次有立功，其次有立言，虽久不废，此之谓不朽。”唐代孔颖达注解说：“立德谓创制垂法，博施济众”，“立功谓拯厄除难，功济于时”，“立言谓言得其要，理足可传”（《春秋左传正义》卷三十五）。古代读书人大多都怀有“为天地立心，为生民立命，为往圣继绝学，为万世开太平”的抱负，亦即“立德、立功、立言”。按照通俗的理解，立德就是做圣人，做好事，做社会认可的榜样；立功就是做清官，建功立业；立言就是做文章，著书立说，留下传世之作。

史学界有一种认识，中国历史上达到“立德、立功、立言”三不朽标准的有两个半人：孔子、王阳明，曾国藩算半个。孔子的功绩自不必说。王阳明的立功方面：多次替明朝平叛，从无败绩；立德方面：提出致良知，知行合一，且桃李满天下；立言方面：创立与程朱理学分庭抗礼的心学。后人曾在王阳明故居手书一楹联：“立德立功立言真三不朽，明理明知明教乃万人师。”另一位达到如此成就的，则是曾国藩，立功方面：镇压太平天国，挽狂澜于既倒；立德方面：以儒家为宗，每日修身养性，砥砺自律，戒骄慎独；立言方面：留下《曾文正公文集》洋洋数千万言。也有人用一副对联概括其一生：“立德立功立言三不朽，为师为将为相一完人。”

康熙此语，虽说有为了维护其统治，号召天下臣子百姓都做个顺民的嫌疑，但仍有教人“立德立功立言”的积极意义。不管我们承认与否，“立德立功立言”始终是左右人们行为的一种思想规范，“虽久不废”。如果我们每个人都像自然界中的百花、小草、大树一样，把自然界中的二氧化碳和水蒸气这些物质转化为氧气和葡萄糖，释放出正能量，那这个社会肯定会更加和谐安定。

人生于世，最要行善

训曰：人生于世，最要者惟行善。圣人经书所遗如许言语，惟欲人之善。神佛之教，亦惟以善引人。后世之学，每每各向一偏，故尔彼此如雠敌[1]也。有自谓道学入神佛寺庙而不拜，自以为得真传正道，此皆学未至而心有偏。以正理度之，神佛者皆古之至人[2]，我等礼之、敬之，乃理之当然也。即令天下至大，神佛寺庙，不可胜数，何寺庙而无僧道？若以此辈皆为异端，使尽还俗，不但一时不能，而许多人将何以聊其生耶？

〔注释〕

［1］雠敌：仇人，敌人。

［2］至人：道德修养达到最高境界，超脱世俗，顺应自然而长寿的人。

〔译文〕

训教说：人生在世，最重要的是行善。圣人经书中所留下的这些至理名言，只是希望人们向善。神佛等宗教，也是用善来引导人。后世的学说，往往各自偏向一端，所以彼此对立如同仇敌。有自称是道学者，进入供奉神佛的寺庙不跪拜行礼，自以为得到了道学的真传正道，这都是因为学问不精深而思想又有偏差之故。按正常之理来看，神和佛都是古代道德修养达到至高境界的人，我们对神佛以礼相敬是理所当然的。纵然天下至大，供奉神佛寺庙的数不胜数，哪一座寺庙里没有和尚或道士？如果把这些人都视为异端，命其全部还俗，不仅一时之间办不到，而且那么多人将用什么来维持生计呢？

〔延伸阅读〕

“善”文化是中华民族渊源最早的文化之一。佛教传入中国，与中国的儒家、道家思想相融合，形成中华民族的“德善观”，大家熟知的“善有善报，恶有恶报，不是不报，时间不到，时间已到，一切都报”就是典型的中国式“再创造”的佛教思想。融合后的“德善观”使中华民族的善文化发展到一个新的高度，佛学思想深入人心，佛教也在中国发展壮大。

佛家有“五戒十善行”的说法，“十善行”源于“五戒”，而又略有不同。五戒即：不杀生、不偷盗、不邪淫、不妄语、不饮酒。十善行则是：一不杀生、二不偷盗、三不邪淫、四不妄言、五不绮语、六不两舌、七不恶口、八不悭贪、九不嗔恚、十不邪见。此中前三名身业，中四名口业，后三名意业。业者，事也。若持而不犯，则为十善。若犯而不持，则为十恶。

〔以史为鉴〕

康熙说，一个人在世上，最要紧的就是多做善事，并举例说明宗教也是用来劝人行善的。

清军在入关前，有自己的宗教信仰，即萨满教。清廷入主中原后，在保留萨满教的基础上，吸收了儒释道三教的思想。康熙的祖母——孝庄太皇太后笃信佛教，而康熙的生父顺治更是佛教的忠实信徒。《清稗类钞》“世祖崇信竺乾”条曰：“世祖崇信竺乾，每于西苑，礼接高僧登座说法。尝迎玉琳禅师入都供养，从玉琳乞命名，因名曰‘慧橐’，而以‘山臆’为字，‘幼庵’为号，各镌玉章，凡御制书画，辄用之。”

康熙对佛教有自己的态度。一方面，他喜欢访寺寻庙，京畿的广泉寺、卧佛寺、碧云寺、弘光寺、法海寺、潭柘寺等都留下了他的足迹、诗文以及碑记。他与僧人广结善缘，精通佛典，甚至能与高僧参禅论道。另一方面，他又十分清醒，不沉迷于佛教，不让宗教思想左右其治国理政的决策。《清朝野史大观》中记载：“文和尚名果字园公，衡山先生之后。圣祖南巡适见之，命入京师，居玉泉精舍，宠眷殊厚。和尚一日携其孙见，圣祖问何事而来。此和尚奏曰：‘来此应举。’圣祖曰：‘应举即不应来见。’圣祖防微杜渐，安可以非分希望恩泽耶。”和尚希望康熙给自己的孙子安排个职位，被康熙婉拒。

康熙曾对日讲官熊赐履说：“朕生来不好仙佛，所以向来尔讲辟异端，崇正学，朕一闻便信，更无摇惑。”（《康熙起居注》康熙十二年十月初二日）他认为皇帝过分沉溺于佛道会使自己陷入困境，“况自古人主好释老之教者，无益有损。梁武帝酷好佛教，舍身于寺，废宗庙之血食，以面为牲，后竟饿死台城。宋徽宗好道，父子皆为金虏。此可鉴也”（《康熙起居注》康熙十一年二月二十八日）。

但康熙也不同意理学家说佛是妖魔鬼怪的说法：“神佛者皆古之至人，我等礼之、敬之，乃理之当然。”在康熙看来，儒释道都教人向善，且神佛是如同孔孟一样的至人，所以康熙 “礼之”“敬之”，但敬而不溺，“一切僧道原不可过于优崇，若一时优崇，日后渐加纵肆，或别致妄为”。对康熙而言，“敬重神佛，惟在我心而已”。

一心行善，天祐其祥

训曰：凡人最要者，惟力行善道。能尽五伦[1]，而一心笃于行善，则天必眷祐，报之以祥。若徒口言善而心存奸邪，决不为天所祐。是以古圣人惟欲人之止于至善[2]也。

〔注释〕

［1］五伦：中国的五种人伦关系和言行准则。即古人所谓君臣、父子、兄弟、夫妇、朋友五种人伦关系。以忠、孝、悌、忍、善为“五伦”关系准则。

［2］止于至善：谓处于最完美的境界。《礼记·大学》：“大学之道，在明明德，在亲民，在止于至善。”

〔译文〕

训教说：做人最主要的，就是全力行善。能够处理好五种人伦关系，一心致力于行善，则上天必定会眷顾保佑，以祥福相报。如果仅仅是口头上说行善而内心存有奸邪的想法，则绝不会被老天爷所护佑。所以，古代的圣人一心想让人们达到善的最高境界。

〔延伸阅读〕

古代封建社会讲究“三纲、四维、五常、五伦、八德”。

“三纲”是指“君为臣纲，父为子纲，夫为妻纲”，要求为臣、为子、为妻的必须绝对服从于君、父、夫，同时也要求君、父、夫为臣、子、妻作出表率。

“四维”即礼、义、廉、耻。《管子》曰：“国有四维，一维绝则倾，二维绝则危，三维绝则覆，四维绝则灭。”如国之四维尽绝，便会使国家由倾到危，由覆到灭。

“五常”即仁、义、礼、智、信，是用以调整、规范君臣、父子、兄弟、夫妇、朋友等人伦关系的行为准则。

“五伦”即五种人伦关系和行为准则，孟子进而提出“父子有亲，君臣有义，夫妇有别，长幼有序，朋友有信”的“五伦”道德规范。

“八德”即孝、悌、忠、信、礼、义、廉、耻。孝者，敬顺长辈之心；悌者，兄友弟恭之心；忠者，赤诚尽己之心；信者，敬慕不欺之心；礼者，辞让节制之心；义者，公道端正之心；廉者，坚定高节之心；耻者，惭愧忏悔之心。

〔以史为鉴〕

“人伦”一词，见于《孟子·滕文公上》，孟子说：“人之有道也，饱食、暖衣、逸居而无教，则近于禽兽。圣人有忧之，使契为司徒，教以人伦：父子有亲，君臣有义，夫妇有别，长幼有序，朋友有信。”

在遵守这五种人伦关系的基础上，应时刻注意做善事，而不是表面上口口声声向善，内心却邪恶不堪。

比如康熙的第八子胤禩，人称八贤王。其为人亲切随和，待人处事体贴灵活，不拘规制名分，聪明能干，广有善缘。不仅在众兄弟中与多位皇子关系融洽，与众多王公朝臣亦相交甚厚。

但是，康熙却看出胤禩心怀异志，他认为胤禩“自幼心高阴险”，“与乱臣贼子结成党羽，密行险奸，谓朕年已老迈，岁月无多，及至不讳，伊曾为人所保，谁敢争执？遂自谓可保无虞矣”（《清圣祖实录》卷二百六十一）。康熙由此对胤禩倍加冷落。

实际上，在封建社会的帝王家庭，皇帝与皇子之间的关系复杂而微妙：既是父子传承关系，又存在权力分配的利益问题。在康熙看来，胤禩虽有才干，但在君臣忠义方面，实在做得不够好，甚至“心存奸邪”，不是合适的接班人。康熙强调“若徒口言善而心存奸邪，决不为天所佑”，是为了提醒诸位皇子要心存善心，才可“为天所佑”，永保无虞。

常人处世也是如此。对待家人、师长、朋友，都应善念存于心，才会达到圣人所说的“至善”。

帷善可遗福子孙

训曰：朕今年近七十，尝见一家祖父子孙凡四五世者。大抵家世孝敬，其子孙必获富贵，长享吉庆。彼行恶者，子孙或穷败不堪，或不肖而陷于罪戾，以至凶事牵连。如此等朕所见多矣。由此观之，惟善可遗福于子孙也。

〔译文〕

训教说：我今年将近 70 岁了，曾经见过一家祖父子孙四五代同堂的。大概那些父慈子孝的家庭，他们的子孙必定会获得富贵、吉庆长存。那些作恶多端的人，子孙要么穷败不堪，要么品行不端而犯罪，以至于牵连到各种罪恶的事件之中。这种情况我见得多了。由此看来，只有行善才可以为子孙留下福泽。

〔延伸阅读〕

四世同堂，指祖孙四代共同生活。一般是曾祖、祖父、父亲、自身。高祖、曾祖、祖父、父亲、自身、儿子、孙子、曾孙、玄孙九代人之中相邻近的四代都可能四代同堂。《三字经》有云："高曾祖，父而身，身而子，子而孙。自子孙，至玄曾，乃九族，人之伦。"五世同堂则指祖孙五代共同生活。一般是高祖、曾祖、祖父、父亲、自己。

〔以史为鉴〕

历史上五世同堂的帝王屈指可数。梁武帝萧衍享年86，其长子为萧统，萧统曾孙萧欢在萧衍死前几年出生。唐玄宗李隆基享年78岁，其子肃宗李亨是他27岁所生，长孙代宗李豫是其42岁所见，曾孙德宗李适是其58岁所见，玄孙顺宗李诵是其在死前一年降生。宋高宗赵构以太上皇身份见到了其曾孙之子，可惜夭折。

康熙当政六十余年，不过四世同堂。乾隆高寿89岁，17岁见到长子，50余岁见到曾孙，74岁见到玄孙。

乾隆四十九年（1784），74岁的乾隆第六次南巡，驻跸龙潭行馆，三月十二日留京王大臣六百里加急奏报，乾隆曾长孙奕纯在本月八日喜得一男，至此乾隆一脉五世同堂。乾隆喜不自胜，作诗一首："留京王大臣飞报得五代元孙之喜，诗以志意：飞章报喜达行轩，欢动中朝及外藩。曾以古稀数六帝，何期今复抱元孙。百男周室非五代，三祝尧封是一言。耄耋人多兹鲜遇，获兹惟益凛天恩。"（《清高宗实录》卷一千二百零二）因避康熙讳，乾隆称玄孙为元孙。

乾隆在满70周岁后曾派人遍查历代帝王年寿，获悉自三代以后除他外，帝王年过70者，只有汉武帝刘彻、梁高祖萧衍、唐玄宗李隆基、宋高宗赵构、元世祖忽必烈和明太祖朱元璋6人。此后，乾隆又命彭元瑞、曹文埴等大臣查阅历时十年刚编纂而成的《四库全书》，得知自唐以来除他之外，在有生之年得见玄孙者，也仅有唐代钱朗、宋代张寿、元代吴宗元和明代罗恢、归璇、文徵明6人。乾隆因作诗曰："五世元孙膝上珍，检兹有几命儒臣。奏来详悉翻四库，特出祯祥得六人。恰彼古稀帝同数，赢其家庆我饶臻。如斯天贶叨骈叠，忍不敕几心爱民。"

同年十月二十二日，乾隆临奕纯府邸看望七个月大的玄孙载锡，赐无量寿佛一尊、青玉灵芝如意一件、水晶菱花笔洗一件、珊瑚小朝珠一盘、白玉仙舟一件、青玉娃鼓一件、银晶三层盒一件、玛瑙鹤式水盛一件。

乾隆五世同堂，自认是"尽人伦之极"的人生大事，曾刻"五福五代堂古稀天子宝"玉玺，并在紫禁城和承德避暑山庄各命名一座五福五代堂以志庆祝。并推恩天下，谕令各省督抚查访五世同堂之家，给予赏赐，并在第二年举行"千叟宴"。

竭诚体贴，事亲至孝

训曰：昔日太皇太后圣躬不豫[1]，朕侍汤药三十五昼夜，衣不解带[2]，目不交睫，竭力尽心，惟恐圣祖母有所欲用而不能备。故凡坐卧所须以及饮食肴馔无不备具，如糜粥[3]之类备有三十余品。其时圣祖母病势渐增，实不思食，有时故意索未备之品，不随意所欲用，一呼即至。圣祖母拊朕之背，垂泣赞叹曰："因我老病，汝日夜焦劳竭尽心思，诸凡服用以及饮食之类，无所不备。我实不思食，适所欲用不过借此支吾，安慰汝心。谁知汝皆先令备在彼，如此竭诚体贴，肫肫[4]恳至，孝之至也。惟愿天下后世，人人法皇帝如此大孝可也。"

〔注释〕

［1］不豫：天子有病的讳称；泛称尊长有疾。此处为后者。

［2］衣不解带：因事过度操劳，以致不能脱衣安睡。也形容看护病人或做事十分辛劳（多指对长辈）。出自南朝（宋）刘义庆《世说新语·排调》："仲堪父尝疾患经时，仲堪衣不解带数年。"

［3］糜粥：即粥；糜和粥本来是同一种东西的不同名称，把米搁在锅里和菜汤肉汁一起熬烂，叫做糜，也叫做粥，或"糜粥"。《礼记·问丧》："水浆不入口，三日不举火，故邻里为之糜粥以饮食之。"《礼记·月令》："（仲秋之月）是月也，养衰老，授几杖，行糜粥饮食。"

［4］肫肫：诚恳的样子。《礼记·中庸》："夫焉有所倚，肫肫其仁，渊渊其渊，浩浩其天。"

〔译文〕

训教说：以前太皇太后身体有恙，我亲自服侍太皇太后吃汤药，连续35个昼夜，一直没脱衣安睡，不敢闭眼睛休息，竭心尽力，就怕皇祖母有要用到的东西而没有事前准备。所以，凡是坐卧所需用具以及饮食上的各种菜肴没有不准备好的，比如光粥品就准备了30多种。那时候，皇祖母的病情加重，已经不怎么进食了，有时候她故意索要自己认为可能没有准备的东西，没想到她刚一说完就准备好了。皇祖母抚着我的背，低头哭着赞叹说："因为我年迈得病，你日夜操劳竭心尽力，凡是服用的药物和饮食等，无所不备。我实际上没有胃口，刚才想要的东西，不过是借此支使你，安慰你的孝心。谁知道你都令人先准备好了，如此诚心体贴，诚恳备至，实在是至孝啊。只愿天底下的后人，都能效法皇帝的孝心就好了。"

〔延伸阅读〕

孝庄，即孝庄文皇后，博尔济吉特氏，名布木布泰（天降贵人之意），是孝端文皇后之侄女，敏惠恭和元妃之妹，是清朝最杰出的女政治家。

孝庄远见卓识、精明能干，有着传奇色彩的一生。天命十年（1625），年仅13岁的孝庄嫁给能征善战的大汗皇太极为妻，皇太极称帝后她被册封为永福宫庄妃。3年后，她生下福临，即后来的顺治。

她辅助6岁的儿子福临登基，确保了皇位稳固，定鼎中原，入主紫禁城。顺治八年（1651）上徽号曰昭圣皇太后。顺治英年早逝，她又力主让年仅8岁的皇子玄烨继皇帝位。康熙即位后尊其为太皇太后。康熙二十六年十二月二十五日（1688年1月27日）崩逝，享年75岁，葬昭西陵。

〔以史为鉴〕

康熙幼年受教于孝庄太皇太后，孝庄经常告诫他："祖宗骑射开基，武备不可弛。用人行政，务敬以承天，虚公裁决。"又说："古称为君难。苍生至众，天子以一身临其上，生养抚育，莫不引领，必深思得众得国之道，使四海咸登康阜，绵历数于无疆，惟休。汝尚宽裕慈仁，温良恭敬，慎乃威仪，谨尔出话，夙夜恪勤，以祗承祖考遗绪，俾予亦无疚于厥心。"（《清史稿》卷二百一十四）

康熙以孝治天下，他对祖母的感情至真至切，也竭尽孝心，《康熙起居注》中几乎每天都有康熙到孝庄太皇太后宫中问安的记载。"晨昏敬睹慈颜豫，不尽欢欣踊跃回"，每天早晚两次，康熙总会到慈宁宫向祖母请安。而碰上祖母谒陵、避暑、出巡等，康熙都会亲奉祖母登辇，然后骑马跟随。各地进献的珍果异味，康熙会送到祖母那里；外出巡猎时，常将地方特产、猎获野味派人送到祖母宫中。每年初秋，命宫中花匠例行送慈宁宫“三清花”，即茉莉、晚香玉、夜来香，分别盛在红、黄、蓝三色盆中，供祖母欣赏。

在平定三藩叛乱时，孝庄为了支持康熙，拨出宫中金帛对将士加以犒劳。战争胜利后，康熙及群臣要给她上徽号，孝庄说：“自叛逆遘乱，于今八年，皇帝焦心劳思，运奇制胜，故得盗寇削平，海宇宁谧。皇帝应受尊号，以答臣民之望。予处深宫之中，不与外事，受此尊号，于心未惬。此典礼不必行。”（《清圣祖实录》卷九十九）

康熙二十四年（1685）八月，孝庄太后右侧偏瘫，正在外地巡视的康熙昼夜兼程赶回，16天中看望祖母30余次。

康熙二十六年（1687）十一月，孝庄太皇太后病重。《清圣祖实录》卷一百三十二载，康熙“心怀忧虑，日侍左右，检方调药，亲视饮馔。太皇太后宁憩之时，朕隔幔静俟，席地危坐，一闻太皇太后声息，即趋至榻前，凡有所需，手奉以进，因此昼夜不能少离”。他传谕内阁：“非紧要事勿得奏闻。”不仅如此，康熙步行到天坛祈祷上天，恭读祝文：“嗣天子臣玄烨敢昭告于皇天上帝曰：‘臣仰承天佑，奉事祖母太皇太后，高年荷庇，藉得安康。今者，疹患骤作，一旬以内，渐觉沉笃，旦夕可虑。臣夙夜靡宁，寝食捐废，虔治药饵，遍问方医，罔克奏效，五内忧灼，莫知所措。窃思天心仁爱，覆帱无方，矧臣眇躬，夙蒙慈养。忆自弱龄，早失怙恃，趋承祖母膝下三十余年，鞠养教诲，以至有成。设无祖母太皇太后，断不能致有今日成立，罔极之恩，毕生难报……’”

康熙二十六年（1688）十二月二十五日，孝庄太皇太后薨于慈宁宫，时年75岁。死前，孝庄太皇太后嘱咐康熙："太宗文皇帝梓宫，安奉已久，不可为我轻动。况我心恋汝皇父及汝，不忍远去，务于孝陵近地，择吉安厝。"（《清圣祖实录》卷一百三十二）康熙遵遗嘱，将祖母安葬在遵化东陵附近。

出于对祖母的敬爱与思念，康熙大办丧事，不惜违背祖制和旧例。比如，行只有先帝驾崩才有的割辫礼。群臣反对，康熙拒曰："从前后丧，虽无割辫之例，太皇太后教育深恩，朕不能报，朕已立意割辫。"（《康熙起居注》康熙二十六年十二月二十五日）仁宪皇太后亦劝阻说："太皇太后不豫时，曾向予云'我病若不起，皇帝断勿割辫。'应谨遵行。"（《清圣祖实录》卷一百三十二）康熙不从，毅然割辫。满洲旧制，国有大丧，皇帝及宗室公以上，孝服俱用素帛，康熙一改旧制，谕令"今孝服俱改用布"。满洲旧俗，"年内丧事不令逾年"，即棺椁必须在年前移出宫外。孝庄死于腊月二十五日，大臣们议定于腊月二十九日卯时将孝庄皇后梓宫移出宫外，康熙说："尔等所云忌讳，只为朕躬。朕殊不避忌。朕前祷天坛，尚欲减朕年以增太皇太后之寿，岂以梓宫逾年发引，乃有避忌乎？如有所忌，朕躬当之。否则，忌讳之说虚诞不足信，亦可以破后人之疑，使皆以朕为法也。"（《清圣祖实录》卷一百三十二）于是钦定于正月十一日将梓宫移出宫外。除夕、元旦，康熙住在慈宁宫，拒不回宫："人主宫殿原多，可以因时移跸。若在庶民，遭此大故，所居止于一室，又迁避何所？回宫断不可行。"又说："朕不幸当此大故，设太皇太后之变恰遇二十九、三十日，将若之何？亦惟有聚集此处，岂可他避也？"这样，康熙直到正月二十二日行完释服礼后才回宫，仍居偏殿。按旧制，丙辰日，梓宫前应停止奠酒。康熙二十七年（1688）四月十四日为丙辰日，当时孝庄太皇太后的梓宫正在奉移东陵（遵化）途中。十三日，礼部奏请皇上明日停止早晚奠酒及随行，皇长子亦应停止；皇太后及妃嫔等，亦应停止往诣，遣王代奠。康熙说："朕素日概无避忌。前在京时，皇太后屡遣传谕，辰日停止往诣。皇太后之旨，不可违悖，故勉停一日。今送梓宫至此，不但辰日，虽有甚于此者，岂有停止之理乎？"（《康熙起居注》康熙二十七年四月三十日）于是，康熙于十四日就在孝庄太皇太后梓宫前奠酒、举哀、行礼，步随恸哭仍如前。清初，皇帝、皇后的忌辰均为小忌，康熙三十六年（1697）十月，康熙以"暂安奉殿，非系山陵，地方既近"为由，谕令嗣后凡孝庄太皇太后忌辰致祭，"著照四时大飨礼行"。

曲尽人子事亲之道

训曰：《孝经》一书，曲尽人子事亲之道，为万世人伦之极，诚可谓“天之经，地之义，民之行”也。推原孔子所以作经之意，盖深望夫后之儒者身体力行，以助宣教化而敦厚风俗。其旨甚远，其功甚宏，学者自当留心诵习，服膺[1]弗失可也。

〔注释〕

[1] 服膺：（道理、格言等）铭记在心，衷心信奉。朱熹《四书集注》："服，犹著也；膺，胸也。奉持而著之心胸之间，言能守也。"

〔译文〕

训教说：《孝经》一书，详细叙述了为人子女者侍奉父母的道理与方法，是万世人伦关系准则的典范，实在算得上是"天的规范、地的准则、人民行动的依据"了。推想孔子之所以写《孝经》的原因，大概是殷切希望后来的儒家文化传承者能够身体力行，以帮助宣传推广孝道，教化民众而使风俗淳厚。其意义深远、功绩伟大，后学者自当留心勤加诵读修习，身体力行而不能有所失。

〔延伸阅读〕

《孝经》是专门讨论"孝道"的儒家伦理学著作，位列儒家十三经之中，书名取自"夫孝，天之经、地之义、民之行也"。《孝经》发现于孔子故居的墙壁中，相传为孔子裔孙孔鲋于秦末时所藏，汉武帝时鲁恭王扩建宫舍，拆毁孔子故居始被发现。全书共分十八章，以"孝"为中心，集中论述了儒家的"孝道"。

《孝经》在中国思想史上有着不容忽视的地位，特别是西汉帝王宣扬"以孝治天下"，《孝经》成为人们的必读书目之一。但关于《孝经》的作者，历来说法不一，有人持与康熙一致的态度，即是孔子自作，《汉书· 艺文志》曾记载："《孝经》者，孔子为曾子陈孝道也。"是说《孝经》是孔子为曾子讲解孝道而作的。《史记· 仲尼弟子列传》却记载为曾子所作："孔子以为能通孝道，故授之业，作《孝经》。"但南宋时有人怀疑该书出于后人附会，元代熊禾在为董鼎《孝经大义》一书作序时也说："曾氏之书有二：曰《大学》，曰《孝经》。"清代的大学士纪晓岚在《四库全书总目》中则提出该书是孔子"七十子之徒之遗言"，并推测成书年代大约在秦汉之际。《孝经》面世后，自西汉至魏晋南北朝，注解者多达百家。现在通行的是由唐玄宗李隆基注，宋代邢昺疏的版本。

〔以史为鉴〕

几千年来，孝文化在中国长盛不衰，"始于事亲，中于事君，终于立身"。对父母能够侍奉敬养，对自己能够修行扬名以彰父母养育教诲之德，这便是孝。

《孝经》作为儒家的经典之一，提出"以孝治天下"的理念，并因此受到亟欲巩固自己统治地位的统治阶级的欢迎。在《孝经·开宗明义章》里就明确提出了奉行孝道的全过程："夫孝，始于事亲，中于事君，终于立身。"《孝经》把孝分为五等，即天子之孝、诸侯之孝、卿大夫之孝、士人之孝和庶人之孝五等。在《孝经》看来，最高等级的孝是"天子之孝"："爱亲者，不敢恶于人；敬亲者，不敢慢于人。爱敬尽于事亲，而德教加于百姓，刑于四海，盖天子之孝也。"其次是诸侯之孝："在上不骄，高而不危。制节谨度，满而不溢。高而不危，所以长守贵也。满而不溢，所以长守富也。富贵不离其身，然后能保其社稷，而和其民人，盖诸侯之孝也。"《孝经·士章》中说"士之孝"是"资于事父以事母，而爱同；资于事父以事君，而敬同。故母取其爱，而君取其敬，兼之者，父也。故以孝事君则忠，以敬事长则顺。忠顺不失，以事其上，然后能保其禄位，而守其祭祀”。意思是以侍奉父母的孝心侍奉天子，以侍奉父亲的敬心侍奉师长，则可以保住自己的禄位，使父母有所养，祖先有人祭祀。最低等的是庶人之孝，即平民百姓之孝：“用天之道，分地之利，谨身节用，以养父母，此庶人之孝也。故自天子至于庶人，孝无终始，而患不及者，未之有也。”

古代帝王中，重视孝道的比比皆是。汉文帝刘恒以皇帝身份入选“二十四孝”，在其母卧病三年中，常亲奉汤药。正所谓“忠臣孝子人人敬，佞党奸贼留骂名”，刘恒的孝行让他得到了众臣子的拥戴，开创了“文景之治”的盛世。除了对自己的母亲孝顺，刘恒登基时第一道圣旨是“大赦天下”，紧接着便是“定振穷、养老”。80岁以上的老人，每人每月可以赐给米一石，肉二十斤，酒五斗；90岁以上的老人，每人再加赐帛二匹，絮三斤。赐给90岁以上老人之物，必须由县丞或者县尉送达；其他由啬夫来送达。

三国时，曹操尤其重视儿子的慈孝。他在《诸儿令》中说：“今寿春、汉中、长安，先欲使一儿各往督领之，欲择慈孝不违吾令，亦未知用谁也。儿虽小时见爱，而长大能善，必用之。吾非有二言也，不但不私臣吏，儿子亦不欲有所私。”他阐明自己用人的标准，首先就是要慈孝。

在康熙看来，“真孝”和行孝道不能只停留在书本经义和表面功夫上，而是要“身体力行”“服膺弗失”。康雍乾盛世的出现和康熙、雍正等对皇族后代的教育、对子女行孝道的要求是分不开的。时至今日，中国历史上的孝道和家训文化对家庭和睦乃至国家建设仍然具有积极意义。

尽孝须顺适为安，自然为乐

训曰：尝观《宋史》，孝宗[1]月四朝太上皇[2]，称为盛事。孝宗于宋固为敦伦[3]之主，然而上皇在御[4]，自当乘暇问视，岂可限定朝见之期？朕事皇太后五十余年，总以家庭常礼出乎天伦至性[5]，遇有事奏启，一日二三次进见者有之，或无事即间数日者有之。至于万寿诞辰、嘉时令节，朕备家宴，恭请临幸。则自晨至暮，左右奉侍，岂止月觐数次！朕之巡狩[6]江南，出猎塞北，也随本报三日一次恭请圣安外，仍使近侍太监乘传[7]请安，并进所获鹿、狍[8]、雉、兔、鲜果、鲜鱼之类。凡有所得，即令驰进，从不拘定日期。且朕侍皇太后家人礼数，惟以顺适为安，自然为乐，并不以朝见日期限定礼法而称孝也。

〔注释〕

［1］孝宗：即宋孝宗赵昚（1127—1194），在位27年。

［2］太上皇：一般指皇帝父亲生时的称号，也用于禅位后的先帝。这里指禅位后的宋高宗赵构。

［3］敦伦：敦睦人伦，勉力于伦常。“敦”字意谓勉励，“伦”谓伦常，即“父子有亲，君臣有义，夫妇有别，长幼有序，朋友有信”。

［4］在御：特指皇帝在世。

［5］至性：多指天赋的卓绝的品性，如性情淳厚、刚正，至慈至孝等。

［6］巡狩：同巡守。《孟子·梁惠王下》云：“天子适诸侯，曰巡狩。巡狩者，巡所守也。”

［7］乘传：古代驿站用四匹下等马拉的车，此处指驿传。

［8］狍：鹿一类的动物，比鹿小，毛夏季栗红色，冬季棕褐色，雄的有分枝状的角。肉可食。

〔译文〕

训教说：我曾经翻阅《宋史》，宋孝宗每月都朝见太上皇四次，并称其为盛事美谈。宋孝宗在有宋一代，固然是一位敦睦人伦、勉力伦常的帝王，但是太上皇还健在，就理应抽出时间，随时去探望，怎么能够限定朝见的日子呢？我侍奉皇太后五十多年，总是保持着家庭日常礼节，所作所为也都出自天伦本性，遇到有事禀告的时候，一日拜见二三次的情况也有，没事的时候间隔好几天才去问安的情况也有。至于皇太后的诞辰、一些时令佳节，我都会准备好家庭宴席，恭请太后临幸。从早到晚，我都会侍奉在她身边，岂止一个月去拜见几次！我巡视江南，或者到塞北狩猎，也会随着三天一次的奏折附上我对太后的问安语，并且还经常派身边的侍从太监借助驿传向太后请安，并进呈我捕获的鹿、狍、野鸡、兔以及新鲜的水果、鲜鱼等物。只要狩获些罕见的东西，我就会派人快马进呈给皇太后，从来不会拘束限定朝见日期。我依照家庭礼节侍奉皇太后，以恭顺闲适为好，以自然安逸为乐，并不以礼法上规定的朝见日期为限制，这才称得上孝顺。

〔延伸阅读〕

宋孝宗赵昚是南宋第二位皇帝，宋朝的第十一位皇帝。北宋皇帝自宋太祖赵匡胤以下为宋太宗赵光义及其子孙。宋高宗赵构无子，加之朝中大臣还政于太祖赵匡胤后代的呼声日高，于是赵构收养赵匡胤七世孙赵昚为养子并传位于他，此后南宋皇帝均为赵匡胤后代。

宋孝宗虽然是赵构养子，但他继位后，始终把太上皇赵构和吴太后当亲生父母一样孝顺，小事同父母商量，大事听父亲决断，毫无失礼之处。对于赵构的一些无理要求，即便得罪满朝文武，也会予以满足。1187年，宋高宗赵构病死，宋孝宗两天未进食，并服丧三年。

宋孝宗是南宋比较有作为的皇帝，他在位期间，内政上整顿吏治，惩治贪污，重视农业生产，史称“乾淳之治”。外交上起用主战派人士，替岳飞平反，锐意收复中原，可惜壮志未酬。1163年4月，宋孝宗“隆兴北伐”金国，宋军惨败，1164年双方达成“隆兴和议”，规定金、宋世为叔侄之国。

1189年正月初二，金世宗完颜雍病死，其长孙完颜璟继位，是为金章宗。依照“隆兴和议”的条款，时年62岁的宋孝宗须给金国上书，并称呼小自己41岁的金章宗为叔父，宋孝宗不堪其辱，传位于其三子赵惇。

〔以史为鉴〕

《孝经》上有许多关于孝的名言，如“子曰：‘夫孝，天之经也，地之义也，民之行也。’”再如“人之行，莫大于孝”“夫孝，德之本也”等。孝作为中国传统道德中的重要伦理规范，是儒家的传统，儒家把对孝的推崇，提到了一个相当的高度，孔子在《论语·为政》中提出“色难”说：“子夏问孝。子曰：‘色难。有事弟子服其劳，有酒食，先生馔。曾是以为孝乎？’”孔子认为，孝顺父母，不仅要事必躬亲，还要和颜悦色，即为人子女者的孝心要诚笃。明代袁采《袁氏世范》载：“人之孝行，根于诚笃，虽繁文末节不至，亦可动天地，感鬼神。”

晚辈每日向长辈请安，是清代八旗官宦人家的寻常礼节，清朝宫廷也极为重视。康熙在孝庄太皇太后手下长大，将祖母视为最亲之人，所以他对祖母请安问好，绝非例行公事，而是发自内心。这在他的诗中皆有验证：“晨昏敬睹慈颜豫”“不尽欢欣踊跃回”。

康熙说自己“巡狩江南，出猎塞北”时，“凡有所得，即令驰进”，此也有诗为证。如康熙南巡，途中捕得鲜鱼，则“驰进两宫（太皇太后、皇太后），兼志思慕之情”，并赋诗一首：“千里难承玉陛欢，鲜鳞网得劝加餐。遥知长信开函日，定荷慈颜一笑看。”（《圣祖仁皇帝御制文集》卷四十）再如行围猎获野禽，恭进祖母：“遣使呈鲜味，须令马迅飞。”（《圣祖仁皇帝御制文集》卷三十二）“万寿诞辰、嘉时令节”，他特意赶在“端阳节前一日回宫”：“满路榴花映玉舆，炉烟香绕侍臣裾。经时远道彤闱隔，先向慈宁问起居。”（《圣祖仁皇帝御制文集》卷三十七）

孝庄太皇太后晚年患有皮肤病，为了帮祖母治病，康熙在连续十年六次亲自陪她去不同的温泉洗浴疗养，途中悉心照顾。《康熙起居注》载：“凡过岭、进膳、登辇，皇上备极敬慎”，“一路每逢险隘，必下马扶辇而行”，“每至进膳处，必亲视太皇太后降乘舆，入行宫，方回进膳。膳毕，复驰往太皇太后行宫，距宫门数十武（古时半步为一武），即下马，趋至近前侍立”。对在京的皇太后也“每间二日，必遣近侍至京问安”。起居官赞曰：“天性纯孝，古帝王未之有也。”

康熙躬行孝道，为天下万民做出了表率，以致孝庄在遗诏中说：“惟是皇帝大孝性成，超越千古”，“惟愿天下后世，人人法皇帝如此大孝可也。”

以孝治天下

训曰：尝阅《明宣宗[1]实录》，其奉侍母后和敬[2]有礼，至今览之，犹足令人感慕。朕尝思先王以孝治天下，故夫子称，至德要道，莫加于此。[3]自唐宋以来，人君往往疏于定省[4]，有经年不一见者，独不思朝夕承欢[5]。自天子以至于庶人，家庭常礼，出于天伦至性，何尝以上下而有别也？

〔注释〕

［1］明宣宗：即朱瞻基，明仁宗朱高炽长子，明朝第五位皇帝。

［2］和敬：和顺恭敬。

［3］语出《孝经·开宗明义章》："先王有至德要道，以顺天下，民用和睦，上下无怨。"

［4］定省：泛指探望问候父母或亲长。

［5］承欢：指迎合人意，求得欢心；侍奉父母。语出《楚辞·九章·哀郢》："外承欢之汋约兮，谌荏弱而难持。"

〔译文〕

训教说：我曾经阅读《明宣宗实录》，明宣宗侍奉其母后和顺恭敬有礼。至今读来，还足以让人感念仰慕。我曾经追思先辈诸帝以孝治天下，所以孔子才说，最美好的品德和最精要的道理，莫过于孝了。从唐宋以来，帝王们往往疏忽了探望问候父母，有的人甚至常年不见一面，难道就不早晚侍奉父母以博得父母的欢心吗？从天子到普通百姓，这些家庭常礼，都出自人性天伦，哪里会因为上下有别而有所不同呢？

〔延伸阅读〕

明宣宗朱瞻基自幼深受祖父朱棣与父亲朱高炽的喜爱与赏识，朱棣命自己最敬重的大臣姚广孝等人教授朱瞻基，并在永乐九年（1411）立他为皇太孙，数次带其征讨蒙古。

朱瞻基机敏过人。有一次，朱棣命太子朱高炽和汉王朱高煦等人拜谒太祖孝陵，朱瞻基随往。朱高炽体胖且有脚疾，走路踉跄。太子胞弟朱高煦暗嘲太子道："前人蹉跌，后人知警。"朱瞻基随即反驳说："更有后人知警也。"众人惊其才华志向，不敢小看。

明宣宗对生母张皇后极尽孝道，即位之初，每遇重大军政要事，总要请教咨询，而张太后也总能提出中肯的意见，宣宗每天早晚均向母后请安，并不时将四方朝贡之物进献母亲。宣德三年（1428），宣宗陪张太后畅游西苑，亲自扶母亲走上万寿山，奉上美酒。次年，宣宗陪同母亲拜谒长陵、献陵，过桥时，宣宗下马，亲自搀扶太后的坐辇。在张太后的影响下，宣宗对百姓生活非常关心，形成了后来的"仁宣之治"。

〔以史为鉴〕

清初，满族统治者作为少数民族君主，不便在汉族遗民中提倡忠君思想，于是改以孝道治天下，大力倡行孝道，而清初的三位皇帝都对《孝经》有很深的造诣。

《红楼梦》上贾琏有一段话："如今当今贴体万人之心，世上至大莫如'孝'字，想来父母儿女之性，皆是一理，不在贵贱上分的。当今自为日夜侍奉太上皇，皇太后，尚不能略尽孝意……于是太上皇，皇太后大喜，深赞当今至孝纯仁，体天格物。"《红楼梦》成书于乾隆之前，所以，考虑到"太上皇、皇太后"的说法，清初只有顺治时期"皇父摄政王"多尔衮及孝庄皇太后双双健在。顺治死后被追谥庙号为"世祖体天隆运定统建极英睿钦文显武大德弘功至仁纯孝章皇帝"，且清帝所有陵寝中，只有顺治的陵墓称为孝陵，所以，贾琏所说的"当今"应为顺治。

康熙说"朕尝思先王以孝治天下"，主要说的便是顺治。顺治曾注解

《孝经》，其愿望即是编纂一部《孝经衍义》，收集历朝历代讲解孝道的注疏，并以《孝经》义理为主纲来注解《孝经》。后来顺治英年早逝，康熙便诏令大臣，编成《孝经衍义》共一百卷。康熙认为帝王治天下要“首崇孝治”，还曾颁发“圣谕”，敕令全民讲孝道，他在《御制文选》里说，“孝为万事之纲，五常百行皆本诸此”。

康熙的继任者雍正也很好地继承了以孝治天下的传统，效仿顺治亲自注解《孝经》。为了加强孝治，清朝将汉朝的“孝廉”和“贤良方正”科目合为孝廉方正科。雍正元年（1723）诏直省每府、州、县、卫各举孝廉方正，赐六品服备用，每遇皇帝即位荐举一次。乾隆五年（1740），清朝明确荐举人选后赴礼部查验考试，授予官职。

持善行道，可谓真孝

训曰：凡人尽孝道，欲得父母之欢心者，不在衣食之奉养也。惟持善心，行合道理，以慰父母而得其欢心，斯可谓真孝者矣。

〔译文〕

训教说：凡是想尽孝道，讨父母欢心的，不在于对父母衣食的供养上。唯有心中秉持善心，言行符合为人处世的道理，以此宽慰父母，让父母开心，这样才能说是真正的孝顺。

〔延伸阅读〕

儒家传统思想认为，孝道即天道，并为此制定了许多关于孝道的规定。《论语·为政》中孔子说："今之孝者，是谓能有养，至于犬马皆能有养，不敬，何以别乎？"《弟子规》说："父母呼，应勿缓，父母命，行勿懒。父母教，须敬听。父母责，须顺承。……亲有疾，药先尝。昼夜侍，不离床。丧三年，常悲咽。居处变，酒肉绝。丧尽礼，祭尽诚。事死者，如事生。"

元代郭居敬根据历代行孝故事编辑了《二十四孝》，即《全相二十四孝诗选》。后来，王克孝依此绘成《二十四孝图》流传世间；清末，张之洞等人将之扩编至《百孝图说》。

〔以史为鉴〕

传统孝道本质上是一种家庭道德，它维持着家庭秩序，也影响着社会伦理规范。

传统孝道要求孝有所养。孟子说："世俗所谓不孝者五：惰其四支，不顾父母之养，一不孝也；博弈好饮酒，不顾父母之养，二不孝也；好货财，私妻子，不顾父母之养，三不孝也；从耳目之欲，以为父母戮，四不孝也；好勇斗狠，以危父母，五不孝也。”（《孟子·离娄下》）“养”作为子女履行的最基本的道德义务，还要“持善心，行合道理”，不为非作歹、作奸犯科。

但孝又不止于孝有所养。《礼记·坊记》中记孔子语：“小人皆能养其亲，君子不敬，何以辩？”子女除了在行动上奉养父母，还要从内心深处尊敬父母，让父母舒心、安心、放心。

除此以外，孝道的更深层次则是光耀门楣，为父母增光。传统知识分子都有着对后代子孙“学而优则仕”的期许，希望后代子孙通过读书，改变个人和家族的命运，这样才算尽大孝。正是基于此，康熙才会大力提倡孝道。当康熙说出“我朝以孝治天下”这句话时，尽孝就超越了单纯的家庭孝道范围，而是变成了整个国家的统治策略。清初政局不稳，农民起义、反清复明的事件时有发生，而康熙倡导以孝治天下，当孝道观念深入人心，父慈子孝成民间常态，又有哪些父母会鼓动煽动自己的孩子去冒着杀头的危险造反呢？而康熙在尽孝方面，也的确做到了以身作则，以实际行动垂范天下。

儿女不可过于娇养

训曰：父母之于儿女，谁不怜爱？然亦不可过于娇养。若小儿过于娇养，不但饮食之失节，抑且不耐寒暑之相侵，即长大成人，非愚即痴。尝见王公大臣子弟中每有痴呆软弱者，皆其父母过于娇养之所致也。

〔译文〕

训教说：父母对儿女，谁不是疼爱有加呢？然而也不能太过于娇养。如果小孩子过于娇养，不但在饮食上失去节制，并且也不能抵御寒暑变化的侵袭，即使长大成人，不是愚蠢就是痴呆。曾经见过王公大臣的子弟中常有痴呆软弱的，都是他们的父母过于娇生惯养所导致的。

〔延伸阅读〕

古人很早就意识到娇惯孩子的坏处，所以留下了诸多名言警句。比如“严父出孝子，慈母多败儿”“父母之爱子，则为之计深远”“宠子未有不骄，骄子未有不败”等等。

唐代柳宗元在《种树郭橐驼传》里说：“虽曰爱之，其实害之。”种树能手郭橐驼说，栽树时，要像爱护子女一样细心，但栽好之后，不可爱护太过。早上看看，晚上摸摸，甚至用手抠树皮验其死活，用手摇树根看培土的疏密，这样看起来是爱，其实会害了幼苗。把对树苗的培养用在子女身上，同样适用。

唐代诗人罗隐有句赠友诗：“国计已推肝胆许，家财不为子孙谋。”为国家大计要不惜肝脑涂地，却万万不要为子孙谋家财。林则徐写过一幅类似白话的对联，读来启人深思：“子孙若如我，留钱做什么？贤而多财，则损其志。子孙不如我，留钱做什么？愚而多财，益增其过。”这段话的意思是，如果子孙后代比我更有作为，留钱给他干什么，他本来就很贤明了，留给他财产反而会损害他的斗志。子孙要是不如我，留钱给他，更会使他好逸恶劳、胡作非为。

〔以史为鉴〕

明孝宗朱佑樘命运坎坷，其父明宪宗朱见深宠爱万贵妃，万贵妃无子，转而迫害其他嫔妃和皇子，朱佑樘幼年由宫女和太监秘密抚养长大，即使后来被立为太子，也屡遭万贵妃迫害。九死一生的朱佑樘即位后，后宫只有一位皇后，皇后育有两子，其一夭折，剩下的即后来的明武宗朱厚照。明孝宗对朱厚照极其宠爱，襁褓中便立其为太子，武宗少年聪慧，好骑射，性格叛逆乖张。明孝宗力图“弘治中兴”，却于36岁逝世。明武宗即位后，沉迷嬉游玩乐，做了不少荒唐事，而明朝也逐渐由盛转衰了。

曾国藩在给其子曾纪泽的信中曾说：“吾观乡里贫家儿女愈看得贱愈易长大，富户儿女愈看得娇愈难成器。尔夫妇视儿女过于娇贵。柳子厚《郭橐驼传》所谓旦视而暮抚、爪肤而摇本者，爱之而反以害之。彼谓养树通于养民，吾谓养树通于养儿。”曾国藩以一己之力改变曾氏一族的命运，到曾纪泽辈已是钟鸣鼎食之家、诗书簪缨之族，所以他及时提出不可溺爱孩子的观点。

用爱淹没孩子，却最终会害了孩子。溺爱中的孩子，易养成自以为是的性格，长大后什么也不会做。明知溺爱有害，但又落入溺爱的怪圈，以爱之名摧毁，辛辛苦苦，亲手给孩子挖掘陷阱，这是一种悲哀。爱不仅仅是付出，更是一门学问、一种智慧。爱而知止，不包办、不放纵，不因自己的惰性而选择顺从孩子，不因自己的软弱而失去原则，不因补偿而失去理性，这才是对孩子、对自己、对他人和社会负责的态度。人都知溺爱有害，但能坚持不溺爱才是真爱。

古语云：“国清才子贵，家富小儿骄。”一个国家社会安定了，有学问的名士、知识分子地位就高了。家庭富有了，孩子就傲慢了，教育都成问题。孟子也说过“君子之泽，五世而斩”的话，一般人起家，第一代辛苦创业，第二、三代坐享其成，第四、五代忘记辛苦，挥霍完毕，第六代又重新开始。

经过清初的征战杀伐，民生凋敝，康熙年间，社会经济得到恢复，康、雍励精图治，使清朝达到空前强盛，到乾、嘉、道完全进入守成阶段，家室富有的王孙公子、太太小姐们闲来无事，便整日惹是生非、消遣度日。清朝后期的遭遇也正应了“君子之泽，五世而斩”的话。可惜的是，包括康熙在内的很多人都能够意识到这个问题，却无法避免，这不能不说是一种遗憾。

四、戒恶篇

恶念不除，持念珠何益

训曰：凡人存善念，天必绥[1]之福禄以善报之。今人日持珠念佛，欲行善之故也。苟恶念不除，即持念珠[2]，何益？

〔注释〕

［1］绥：安抚。

［2］念珠：又称数珠，佛珠，佛教徒诵经、念咒或称佛号时用以计数的珠子。

〔译文〕

训教说：大凡一个人心存善念，上天一定会用福分和禄位来回报他，如今有些人每天手持念珠礼敬佛祖，是想行善的缘故。但是如果心中的恶念不除去，即使手持念珠，又有什么用呢？

〔延伸阅读〕

念珠，又称数珠，是一种在祈祷、歌颂、念经、念咒或灵修等宗教活动所用的物品，此处特指佛教徒诵经时用来计算次数的成串的珠子。佛教徒念佛时记诵经次数的串珠，又称佛珠、诵珠或数珠。

宋代范成大《桂海虞衡志·志香》："香珠出交趾，以泥香捏成小巴豆状，琉璃珠间之，彩丝贯之，作道人数珠，入省地卖，南中妇人好带之。"明代文震亨《长物志》记载："数珠以金刚子小而花细者为贵，以宋做玉降魔杵、玉五供养为记总，他如人顶、龙充、珠玉、玛瑙、琥珀、金珀、水晶、珊瑚、车渠者，俱俗；沉香、伽南香者则可；尤忌杭州小菩提子，及灌香于内者。"《清稗类钞·服饰类》载："数珠，亦日念珠，念佛时所用，以记诵读之数也。"

数珠用材不一，印度莲花生大师云："上等为珍宝，中等为树果，下等为木头、土石与药物。"数珠粒数有十八、二十七、五十四、一百零八之分，故又名百八丸。实际上，念珠不过是修行的工具，念佛、持咒存乎一心，不可过于执着佛珠的数量、构造和质料等“相”。

〔以史为鉴〕

康熙很重视善念的培养，他曾有训言曰：“凡人处世，惟当常寻欢喜……盖喜则动善念，怒则动恶念。《诗经·鸳鸯》曰：‘乘马在厩，秣之摧之。君子万年，福禄绥之。’”此前，“福禄绥之”这一词语也曾被清朝统治者反复提及。清太祖努尔哈赤曾发布檄文：“吾惟开诚布公，仰格苍昊，锡我神武，绥我福禄，尔岂未之闻乎？”（《清太祖实录》卷七）清军为招降南明小朝廷，摄政王多尔衮致书明朝重臣史可法：“宜劝令削号归藩，永绥福禄。朝廷当待以虞宾，统承礼物。”（《清世祖实录》卷六）康熙在这则直截了当地说：“凡人存善念，天必绥之福禄以善报之。”理念与先祖一脉相承。

《孟子》讲“取诸人以为善，是与人为善者也，故君子莫大乎与人为善”。人们常说，善有善报，在康熙看来，行善并非烧烧香、拜拜佛、抄抄经、数数佛珠、做做善事就可以获得福报。真正的善，要清除内心的种种邪念、恶念，要直指人心、心存真善。《菜根谭》中说：“富贵名誉，自道德来者，如山林中花，自是舒徐繁衍；自功业来者，如盆槛中花，便有迁徙兴废；若以权力得者，如瓶钵中花，其根不植，其萎可立而待矣。”财富名誉要从道德中来，如此才能绵延不绝，如果是从建功立业甚至特权得来，则像瓶中之花一样必因根未能深植土中而不能持久。

戒传恶与幸灾乐祸

训曰: 世上人心不一，有一种人不记人之善，专记人之恶，视人有丑恶事转以为快乐，如自得奇物者然。此等幸灾乐祸之人，不知其心之何以生，而怪异如是也。汝等当以此为戒。

〔译文〕

训教说：世上的人，人心各不相同。有一种人，不记别人的好处，却专门关注别人的丑恶事情，并以此为乐，就好像自己得到了奇珍异宝似的。这种幸灾乐祸的人，不知道他的心是怎么生长的。你们应当对这种行为和人品引以为戒。

〔延伸阅读〕

清朝“传恶”极有影响力的一件事——雍正的即位之谜。

康熙的遗诏上说：“雍亲王皇四子胤禛，人品贵重，深肖朕躬，必能克承大统，著继朕登基，继皇帝位……”而怀疑雍正人品的人却坚称，康熙本来要传位十四皇子，结果被雍正改为“传位于四皇子”，这实际上不过是后人的杜撰。因为康熙遗诏用汉、满两种文字书写，“于”的繁体字为“於”，所以篡改诏书一说并不成立。

围绕着雍正即位，牵涉最广的一宗文字狱便是曾静案。雍正六年（1728），湖南秀才曾静的学生张熙将一封曾静的亲笔书信交给川陕总督岳钟琪，想要策反身为岳飞后人的岳钟琪，岳钟琪看后大骇，因为信中列举了雍正“谋父”“逼母”“弑兄”“屠弟”等大罪，于是他一面连夜审问张熙，一面密折飞报雍正。曾静被抓后供称，他所写事情全是听来的，其中不乏算命先生的小道消息。

“雍正篡位说”作为皇帝继位最具有悬疑性且传播和影响也最广的一条谣言，自然会被发配到边疆的八爷党，以及其他受雍正打击的权贵所利用，他们必然对雍正极尽讽刺挖苦诽谤之能事。为此，雍正甚至亲自主编了一部《大义觉迷录》来辟谣。但适得其反，谣言不仅未止住，反而被人们以“解释就是掩饰”为由而越传越广。相比而言，乾隆的说法——康熙让雍正即位，是为了让乾隆自己接班，似乎更高明一些。

甚至朝鲜国《李朝实录》中也记载康熙病重时说：“第四子雍亲王胤禛最贤，我死后立为嗣皇。胤禛第二子有英雄气象，必封为太子。”胤禛第二子即弘历，也就是后来的乾隆。

〔以史为鉴〕

《荀子·大略》上说：“流丸止于瓯臾，流言止于智者。”再往后，便成了人们口口相传的“谣言止于智者”。

有一种激进的观点认为，相比于造恶者，传恶的人罪恶要更大。谣言，作为包含信息性、未知性、重要性、传播性的载体，满足了人们分享的欲望和“我知道，你不知道”的炫耀心理，又迎合了人们内心深处恐惧、猎奇、嫉妒、希望和仇恨的极端心态，极容易成为传播恶的主要方式。

康熙所说，戒传恶以及戒幸灾乐祸，对网络时代的媒体有更多的借鉴意义。本着早期传播学的“经典”名言，“狗咬人不是新闻，人咬狗才是新闻”，网络媒体上博人眼球、“语不惊人死不休”的标题和文章屡见不鲜，其中也不乏负能量的东西。

而媒体在将种种恶行恶念传播开来的同时，其最大的失德，在于将害人的方法传给别有用心之人，别人照此方法去做，致使所传播的恶无限制扩散，并通过一次次的利用，使其更加恶化。

忿懥好乐，难得其正

训曰：凡人不能无好恶，但能胜其私心，则善。诚见善而好之，见恶而恶之，则不能牵累[1]吾心矣。人于喜怒亦然，喜时不能不遇可怒之事，怒时不能不遇可喜之事。是故《大学》云“忿懥[2]好乐，皆难得其正”者，此之谓也。

〔注释〕

［1］牵累：牵挂拖累，牵涉连累。

［2］忿懥：亦作“忿疐”，发怒。

〔译文〕

训教说：但凡是人，不能没有好恶之心，贵在能够战胜自己的私心，这样就是好的。如果见到好的就喜欢，见到不好的就嫌恶，这样就不会牵累自己的心。人的喜怒哀乐也是如此，欢喜时不可能不遇到让人愤怒之事，愤怒时也未必不会遇见可喜之事。所以，《大学》上说“心中有愤怒或者喜好，就难以端正其心”，就是这个道理。

〔延伸阅读〕

《大学》：“所谓修身在正其心者，身有所忿懥，则不得其正；有所恐惧，则不得其正；有所好乐，则不得其正；有所忧患，则不得其正。心不在焉，视而不见，听而不闻，食而不知其味。此谓修身在正其心。”

这是《大学》里广为传诵的一句话。意思是，所谓修养自身的途径在于端正自己的心性：心中有愤怒、恐惧、喜好、忧虑，都不能够端正。心思不端正就像心不在自己身上：虽然在看，但却像没有看见一样；虽然在听，却像没有听见一样；虽然在吃东西，但却不知是何滋味。所以，要修养自身品性首先要先端正自己的内心。

明代张居正在讲解这段文字时，曾经引用曾子的话说：

经文所谓修身在正其心者，盖言心是一身的主宰，而心体至虚，原着不得一物，一有所着，则心即为所累，而不得其正，着在怒的一边，而有所忿懥，则心为忿懥所累，而不得其正矣。着在畏的一边，而有所恐惧，则心为恐惧所累，而不得其正矣。着在喜的一边，而有所好乐，则心为好乐所累，而不得其正矣。着在忧的一边，而有所忧患，则心为忧患所累，而不得其正矣。（《四书直解》卷一）

张居正进一步补充说：

盖忿懥、恐惧、好乐、忧患，乃心之用，人情之所不能免也。但四者在人，本有当然之则，若能随事顺应，而各中其则，事已即化，而不留于中，则心之本体，湛然常虚，如明镜一般，何累之有？唯其欲动情胜，或发之过当，而留滞于中，如明镜上着了尘垢一般，由是虚灵之体为其所累，而不得其正矣。心不能正，而欲身之修岂可得乎？（《四书直解》卷一）

在张居正看来，如心不正，想修身是根本不可能办到的。

〔以史为鉴〕

所谓“修身在正其心者”，指的是修身一定要从端正自己的心态做起。喜怒哀乐、七情六欲是人的本性，但不能被情绪冲昏了头脑，更不能有所偏执，如果心中被某种先入为主的观念束缚，就会失去冷静判断和正确决策的能力。

陈寿辑录《诸葛亮集》中有一段关于喜怒与修身、治国、用兵的辩证论断，读来不无益处：

喜怒之政，谓喜不应喜无喜之事，怒不应怒无怒之物，喜怒之间，必明其类。怒不犯无罪之人，喜不从可戮之士，喜怒之际，不可不详。喜不可纵有罪，怒不可戮无辜，喜怒之事，不可妄行。行其私而废其功，将不可发私怒，而兴战必用众心，苟合以私忿而合战，则用众必败。怒不可以复悦，喜不可以复怒，故以文为先，以武为后，先胜则必后负，先怒则必后悔，一朝之忿，而亡其身。故君子威而不猛，忿而不怒，忧而不惧，悦而不喜。可忿之事，然后加之威武，威武加则刑罚施，刑罚施则众奸塞。不加威武，则刑罚不中，刑罚不中，则众恶不理，其国亡。

诸葛亮说“君子威而不猛，忿而不怒，忧而不惧，悦而不喜”，这大概可以看作人们控制自己情感的一个度。

王阳明认为，良知是心之本体，无善无恶就是没有私心物欲，也是我们追求的境界，当人产生意念活动时，把意念加在事物上，意念就有了好坏善恶之别，事物就有了符合天理和不符合天理之分。一切学问修养最终都是要为善去恶，即以良知为标准，按照自己的良知去行动。

诸葛亮说：“非淡泊无以明志，非宁静无以致远。”“明志”和“致远”的实现，是要依靠“宁静”和“淡泊”来达成。只有跳出好坏善恶和名利得失的圈子，才会有充实的人生和崇高的境界。

好恶之心，难得其正

训曰：人于好恶之心，难得其正。我所喜之人，惟见其善，而不见其恶；若所恶之人，惟见其恶，而不见其善。是故《大学》有云："好而知其恶，恶而知其美者，天下鲜矣。"诚至言也。

〔译文〕

训教说：人对于好恶的心态，很难有摆正位置的。自己所喜欢的人，只能见到他好的一面，而看不到他坏的一方面；如果是自己所讨厌的人，只能看到他坏的方面，而看不到好的方面。所以《大学》上说："喜欢一个人而知道其不好的方面，厌恶一个人而知道他好的一方面，这样的人天下很少。"确实有道理。

〔延伸阅读〕

《大学》："人之其所亲爱而辟焉，之其所贱恶而辟焉，之其所畏敬而辟焉，之其所哀矜而辟焉，之其所敖惰而辟焉。故好而知其恶，恶而知其美者，天下鲜矣。故谚有之曰：'人莫知其子之恶，莫知其苗之硕。'"

人们对自己亲近喜爱的人往往过分偏爱，对自己轻贱厌恶的人往往过分厌恶，对自己敬畏的人往往过分敬畏，对自己同情的人往往过分同情，对自己傲视怠慢的人往往过分傲慢。所以，能够做到喜爱某人而知道他的缺点，厌恶某人而知道他的优点，这在天下是少有的。所以谚语说："人们因为溺爱而不知道自己孩子的缺点，由于贪婪也感觉不到自家庄稼的茂盛。"

〔以史为鉴〕

人皆有好恶之心，难的是能够择善人而交，择善书而读，择善言而听，择善行而从。

西汉刘向《列女传》记载了一则赵括母亲的故事：

赵将马服君赵奢之妻，赵括之母也。秦攻赵，孝成王使括代廉颇为将。将行，括母上书言于王曰："括不可使将。"王曰："何以？"曰："始妾事其父，父时为将，身所奉饭者以十数，所友者以百数。大王及宗室所赐币者，尽以与军吏士大夫。受命之日，不问家事。今括一旦为将，东向而朝军吏，吏无敢仰视之者。王所赐金帛，归尽藏之。乃日视便利田宅可买者。王以为若其父乎？父子不同，执心各异。愿勿遣。"王曰："母置之，吾计已决矣。"括母曰："王终遣之，即有不称，妾得无随乎？"王曰："不也。"括既行，代廉颇三十余日，赵兵果败，括死军覆。王以母先言，故卒不加诛。君子谓括母为仁智。

赵括之母没有因为爱子之心而被蒙蔽双眼，她看到儿子赵括和父亲赵奢在为人处事上有很大不同，赵奢仗义疏财、一心为公，而赵括傲慢贪财、私心太重。所以，赵母认为儿子不堪大任。但赵王不听，赵括兵败，赵母因有言在先，免受牵连。

康熙身为一国之君，深知不能以一己之好恶来对待群臣。纵观康熙一生，他极度宠信的臣子也少之又少。康熙这种在面对人臣时的清醒，使他可以知人善任，并避免了大权旁落，造成被奸人利用的不利局面。

五、俭廉篇

俭约不贪，养福致寿

训曰：民生本务在勤，勤则不匮。一夫不耕，或受之饥；一妇不蚕，或受之寒。是勤可以免饥寒也。至于人生衣食财禄，皆有定数。若俭约不贪，则可以养福，亦可以致寿。若夫为官者，俭则可以养廉[1]。居官居乡，只缘不俭，宅舍欲美，妻妾欲奉，仆隶欲多，交游欲广，不贪何从给之？与其寡廉，孰如寡欲？语云："俭以成廉，侈以成贪。"此乃理之必然者！

〔注释〕

[1] 养廉：保持和养成廉洁的操守。清制，于官吏正俸之外按职务等级另给银钱，称养廉银。

〔译文〕

训教说：人民群众的根本生计，就在于勤劳，勤劳就不会匮乏。如果一个人不从事农业生产，就有人会因此而挨饿；如果一个农妇不养蚕，就有人会因此而挨冻。所以，勤劳可以使人们免除饥寒。至于人生一世所能享受的衣、食，所能获得的财富、禄位，都有一定的命数。一个人如果能够勤俭节约不贪心，就可以颐养福气，亦可延年益寿。如果为官之人节俭，则可以使他养成和保持奉公廉洁的操守。不论是在位为官，还是闲居在家，如果只因为不知道节俭，想要使宅院华美，想要妻妾侍奉到位，想要仆役增多，想要交游广泛，不贪污又从何处得到这一切呢？与其寡廉，不如少欲。古语说："节俭可使人廉洁，奢侈能使人贪婪。"这是必然的道理。

〔延伸阅读〕

清朝官员薪俸微薄，养廉银是清朝特有的官员薪给制度，即以国家的名义额外给官员发放银钱，希望以此防止贪污。

康熙朝制定"永不加赋"的政策后，耗羡（旧时官府征收钱粮时以弥补损耗为名，在正额之外加征的部分）则成了官吏首要的"正道"财源。雍正元年（1723），初继位的雍正实行摊丁入亩、火耗归公的税赋政策，清朝所有税收均归朝廷所有。同时，雍正为避免贪污，采取给各级官员发放养廉银的措施。一般情况，总督养廉银每年约为二万两白银，布政使为一万两左右，按察使为八千两左右，州县长官的养廉银则在一千两到两千两不等。光绪年间，台湾巡抚刘铭传年薪为一百五十五两，养廉银高达万两。而台湾总兵年俸六十七两，军事加给一百四十四两，而养廉银则为一千五百两。

火耗归公和养廉银政策初始，各地亏空逐渐补足，国库的存银则积累到六千多万两，吏治也比康熙时大有好转。但这一政策并未从根本上解决贪污问题，如一般京官并无足够银钱收入，但通过地方官的冰敬与炭敬以及别敬，也能度日。道光年间，张集馨从道员升任按察使后进京的孝敬："别敬军机大臣，每处四百金，赛鹤汀不收；上下两班章京，每位十六金，如有交情，或通信办折者，一百、八十金不等；六部尚书、总宪百金，侍郎、大九卿五十金，以次递减；同乡、同年以及年家世好，概行应酬，共用别敬一万五千余两。"（《道咸宦海见闻录》）除了下属"孝敬"，一些掌握实权的大官通过卖官鬻缺，也攫取了大量的钱财。

再者，养廉银制度实际上是将地方行政费用归于地方首长所有，无形中放大了地方官的权利，导致了清朝地方贪腐情况成为史上之最。

〔以史为鉴〕

"历览前贤国与家，成由勤俭破由奢。"勤俭节约是中华民族的优良传统。"勤"相对于"懒"，"俭"相对于"奢"，康熙认为平民百姓如果勤俭节约，就能安居乐业；各级官员如果廉洁奉公，则可养福致寿。

"由俭入奢易，由奢返俭难。"针对这种奢侈成风的现象，明末东林党人高攀龙提出："凡宫室、饮食、衣服、器用，受用得有数，朴素些，有何不好？简淡些，有何不好？人心但从欲如流，往而不返耳！转念之间，每日当省不省者甚多。日减一日，岂不安静快活？不但治生，即是寡欲清心之要。但力持勤俭两字，终身不取一毫非分之财，泰然自得，衾影无惭，不胜贪秽之富千万倍耶？"（《高忠宪公家训》）

康熙朝文渊阁大学士陈廷敬曾说："贪廉者，治理之大关；奢俭者，贪廉之根柢。"（《劝廉疏》）官吏的贪墨或者清廉，事关政治大局，而决定官员或贪或廉的根基，则在于其追求奢侈还是俭约。

清代觉罗乌尔通阿的《居官日省录》中曾说："侈则多欲。君子多欲，则贪慕富贵，枉道速祸；小人多欲，则多求妄用，败家丧身。是以居官必贿，居乡必盗。故曰：侈，恶之大也。"文中还说："盖国家廉俸有常，人念奢侈无度。金樽玉斝，器必精工；细葛轻裘，服必华丽；脂车秣马，壮我观瞻；食美饮甘，遂我哺啜；甚至娇婢娈童，一呼百喏。穷奢极欲，取给无门，由是百计搜求，贪得无厌。势不能不籍下民之脂膏，以供骄奢淫佚之念，其流毒可胜言耶？"

《清仁宗实录》记载了嘉庆斥责因贪渎而"身罹重罪"的高官："如蛾投火，实堪悲悼。推原其故，总由恣情糜费，日事奢华，以致廉俸所入，不足供其挥霍，因而败检逾闲，多方婪索。伊等岂不知得受赃款，律有明条？而利令智昏，遂自蹈重谴不顾。"

视钱财为生活全部的人容易走向极端。生活奢侈之人，无论有多少财产，都会挥霍精光，因为得不到满足的是他的内心，而非他的身体。如果一个人生活节俭，量入为出，则会因为内心满足而平安快乐。

天地所生，养人有限

训曰：世之财物，天地所生，以养人者有限。人若节用，自可有余，奢用则顷刻尽耳。何处得增益耶？朕为帝王，何等物不可用？然而朕之衣食毫无过费，所以然者，特为天地所生有限之财而惜之也。

〔译文〕

训教说：世界上的财物，是由天地产生的，用来养活人的资源有限。人如果能够节俭使用，自然会有结余，但如果奢侈浪费则顷刻之间就会用尽。还能去哪里再得到补充呢？我身为帝王，什么东西不能用？但是我的衣服食物一点也没有浪费的地方，之所以这样做，只是因为天地所生成的可供利用的资源有限而加以珍惜。

〔延伸阅读〕

康熙是一位崇尚节俭的帝王，他曾经亲作《勤俭论》一文：

尝观尧以执中之旨授舜，舜以执中之旨授禹，而孔子之称禹曰："无间然"，舜亦美其勤邦俭家，盖以禹之奉己简薄，而于天地祖宗生民数大事，克备夫道以致其厚，有合于中之旨焉。夫崇宫室，丰饮食，美衣服，此人心也，其几易溺。敬天地，孝祖宗，拯生民，此道心也，其几易怠。溺则侈，侈则嗜欲日荒，怠则逸，逸则理道日远。发于一心，见于天下，而盛衰治乱之途判矣。《传》曰："私欲宏多，则德义鲜少；德义不行，则迩者骚离，远者距违。"甚言奢之不可不戒也。至《书》载文王卑服，即康功田功。又言："自朝至于日中昃，不遑暇食，用诚和万民。"伊尹之告太甲曰："慎乃俭德，惟怀永图。"噫，俭与勤之道尽之矣。朕检身省心，常恐弗及。故万机日御，以自砥砺。而宫中、府中之用，刻意损抑，较之前代，每岁所需，十不及一。虽不敢比于大禹、文王之为君，而兢兢勿侈勿逸之念，恒欲化雕返朴。祛肆崇敬，以务几乎道。然人心危而道心微，苟侈泰之心，中于几微，势必形于国家，其弊有不可遏者，则慎

修思永，尤执中之要道也欤。（《康熙政要》卷十三）

在《勤俭论》中，康熙从尧舜禹等上古帝王的勤俭讲起，然后谈到人皆有尊崇宫室，追求美食与华服的心思，但他同时又谈到溺爱则易奢侈，奢侈则嗜欲日增而放纵，最终会导致衰乱。在接下来的一段中，康熙又引用《左传》中的言论和《尚书》中周文王等人的事例，反复倡导节俭，并在文末说到自己的日常用度，都会刻意控制。

〔以史为鉴〕

清初官场的吃喝奢靡之风比明末有过之而无不及，且有愈演愈烈之势。

清代邵之棠《皇朝经世文统编》记载："国初杨时化亦曾上《请禁宴会》一疏，其略曰：如宴会一节，自恒情视之，不过往来之常。纵极暴殄，有何关系？不知废职、诲贪、养交、乱政，此为厉阶。明季万历、天启之际，海内富庶，盛极而衰，浸淫奢靡固其宜也。尔时虽朝夕过从，觞筹交错，一席之费，未满一金。而有识者，已忧夫官邪赂彰，民穷财尽，既而果然。今诸臣年来日从事于宴会，笾醢之费三倍于昔，加以优伶戏剧，五倍于昔。俸入几何，堪此淫纵？不知于何得此财，而于何偿此费也？"不仅"笾醢之费三倍于昔，加以优伶戏剧，五倍于昔"，甚至宴会的频繁程度导致官员"才出公署，即赴宾筵，甚有一日几家征召者"。

康熙朝刑部尚书王士祯《带经堂诗话》中说"近京师筵席多尚异味""今京师宴席最重鹿尾，虽猩唇、驼峰未足为比""滦鲫黄羊满玉盘，莱鸡紫蟹等闲看"各种山珍海味，奢靡程度令人咋舌。相传耿精忠

“平居喜食鸭翅，每下箸，非数百不餍。尤嗜熊白，庖人百方致之，偶失饪，即获死”。“熊白”即熊背上的白脂，可怜厨师因找不到食材而丢了性命。

康熙十一年（1672）八月，康熙晓谕礼部：“崇尚节俭，禁止奢侈，故能使人心淳朴，治化休隆。近见内外官员、军民人等，服用奢靡，僭越无度。富者趋尚华丽，贫者互相效尤，以致窘乏为非，盗窃诈伪，由此而起。人心嚣凌，风俗颓坏，其于治化，所关匪细。”（《康熙政要》卷十五）

康熙三十三年（1695），户部题乌喇解送貂鼠缺额，应将该管官议罪。康熙却说：“数年来，因捕貂者众，故不足额，以此议处，是无辜获罪。若不得佳者，朕但少御一裘，何关紧要？且貂价甚贵，而又非必用之物，朕亦不甚需之。”（《圣祖仁皇帝圣训》卷三）

法国传教士白晋（Joachim Bouvet）在《康熙帝传》中也说，康熙“那种恬淡素朴简直是没有先例的……除了循例供奉的东西外，他毫无奢求。他满足于最普通的菜肴，从未有过丝毫的过度，他的淡泊超过了人们所能想象的程度。他喜爱简朴，甚至在他的衣着和他的一切生活用品上都能看得到……总而言之，在他周围的一切，人们丝毫感觉不到那种其他亚洲君主处处都要摆出来的穷奢极侈的排场”。

正是由于康熙禁止奢靡、倡行节俭且能身体力行，清初的社会风气也为之一变。

生性廉洁，不奢用度

训曰：朕所居殿现铺毡片等物，殆及三四十年而未更换者有之，朕生性廉洁，不欲奢于用度也。

〔译文〕

训教说：我所居住的宫殿里现在铺盖的毛毡被褥等物，有的长达三四十年都没有更换。我天性廉洁，不喜欢在个人用度上奢侈颓靡。

〔延伸阅读〕

雍正三年（1725），雍正召集王公大臣，向他们展示康熙生前在乾清宫东、西暖阁所用的毡毯。《清世宗实录》上记载："上以圣祖仁皇帝东西暖阁御用绒毡宣示廷臣。诸王大臣等奏言：'圣祖仁皇帝临御六十余年，时时以爱惜物力，崇尚俭素，为休养元元之本。而圣躬服御之物，尤倍加撙节，质朴无华，历久不易。今臣等恭览御前陈设之毡，历三十余年，尚洁净完整，崇俭惜物，实从古未有，请宣付史馆，以昭圣德。'"

〔以史为鉴〕

康熙去奢从简、厉行节约，史籍多有记载。《康熙政要》载，康熙三十九年（1700），圣祖谕大学士等曰：

自辅臣摄政十年以前，凡器用服食等物，甚为奢侈。自朕听政以来，一应服食，俱从节俭，诸王大臣亦效法，不用金银器皿金镫等物，此时服用较从前十分之内，已减九分矣。诸大臣服用虽甚节俭，然笔贴式、护军、庶人等服用，未必不少有奢侈。朕岁岁赏赉，更给官马，而生计尚未充裕，谓非奢侈之故乎？朕阅载籍，历代以来，皆由朴而渐至于奢，未有由奢而渐至于朴者，不可以不禁也。

康熙四十七（1708）年秋，他斥责皇太子胤礽荒淫无度时，对比自己说："朕即位以来，诸事节俭，身御敝褥，足用布袜。允（胤）礽所用一切远过于朕，伊犹以为不足，恣取国帑，干预政事，必致败坏我国家，戕贼我万民而后已。若以此不孝不仁之人为君，其如祖业何。"（《清圣祖实录》卷二百三十四）

可见，太子胤礽的吃穿用度远在康熙之上，而在康熙看来，这样崇尚奢侈的人是不足以为人君的。

历史上，人们对康熙南巡一直存有争议，其中一大原因便是南巡耗资巨靡。实际上，康熙南巡主要是为了了解下情，安抚吏民，为各地兴利除弊。每次出巡时他都一再告诫臣下严禁扰民。康熙二十三年（1684），第一次南巡，他指示户部、工部及光禄寺官员："朕凡巡幸一应动用之物皆从节俭，此番巡幸，户部采买草豆，工部木炭，光禄寺食物，勿令地方官派取民间，扰害百姓。"（《清圣祖实录》卷一百一十六）

康熙二十八年（1689），第二次南巡，康熙谕示："所至沿途供仪，皆令在京所司储待，一切不取之民间。"（《圣祖仁皇帝文集》第二集卷七）并下令不许为此修路，不得擅治行宫，滥建者令拆毁；不用华贵的车船；不许地方官安排隆重的仪式迎送；不许官员们互赠礼品；更严禁地方官和扈从人员借机苛敛百姓。船经扬州时，民间聚众结彩欢迎，康熙"恐致稍损物力，皆为惜之"，下令"前途经历诸郡邑，悉为停止"。江宁地方官为康熙"装饰舟船以待"，他不乘坐、不观看，反令"将造饰物料俱行拆毁，于应用处用之"，并要当地官吏引以为戒。

虽然康熙在个人生活上奉行节俭方针，但对有利于国计民生的开支，康熙极为慷慨，白晋（Joachim Bouvet）曾记述说：“他（康熙）非常节制个人的开支，同时又十分慷慨大方地提供国家的经费。只要是为了帝国的福利，哪怕花费千百万他也在所不惜。修缮公共建筑，保持江河渠道的畅通，建桥、造船等，一切方便百姓、有利贸易的事情，他动用巨款十分慷慨。因此不难断定，他不为个人妄费分文，完全是出于贤明的节约，以便把金钱用于帝国真正的需要。”（《康熙帝传》）

太贵之物，生性不喜

训曰：朕生性不喜价值太贵之物，出游之处所得树根或可观之石，围场所获野兽之角或爪牙，以至木叶之类，必随其质而成一应用之器。即此观之，天下之物虽最不值价者，以作有用之器，即不可弃也。

〔译文〕

训教说：我天生不喜欢价值太贵重的物品，我出游所到之处得到的树根或者有观赏性的石头，在围场打猎所获得的野兽的角或者爪牙，甚至是木头和树叶之类的，必定会根据它独特的性质制作成可用的器物。由此看来，天底下即使是最没有价值的东西，如果能制作成有用的器物，也不可以随意抛弃。

〔延伸阅读〕

康熙注重以实用为本的价值观和追求自然与质朴的审美观。他所喜欢的文玩多是一些天然的、简单古朴的东西。比如葫芦，作为文玩品种中最古老的一种，因其作为工具的实用性和“福禄”的寓意，为康熙所钟爱，正因为此，匏器范制等工艺也得以在康熙年间发扬光大。康熙喜爱葫芦，甚至在皇庄中的丰泽园开辟了专门种植葫芦的地方。

康乾时期，由于帝王的钟爱，葫芦器工艺达到了很高的艺术水平，许多清朗典雅的模制匏器应运而生。清代中期后，宫廷范模匏器渐趋衰落，嘉庆、道光朝的宫廷范匏制作已远不及康乾时代之盛。

故宫藏品中，康熙和乾隆朝的匏器占了很大比例，如康熙年间的匏制团寿字六棱瓶、匏制勾莲纹壶、匏制蕃莲纹团寿字圆盒，底部都有康熙赏玩的标识。

乾隆对匏器的喜爱也源自康熙。故宫珍藏的匏制乾隆御题蕃莲纹碗，内壁就有乾隆的阴文楷书御题诗：“葫芦碗逮百年矣，穆如古色含表里。摩挲不忍释诸手，康熙御玩识当底。昔时未审赐何人，其家弗守鬻之市。辗转兹复充供珍，是诚珍胜其他耳。辞尘世仍如西清，碗如有知应自喜。敬思当日圣意渊，不贵异物祛奢靡。园开封泽重农圃，蔬瓠尔时种于此。就模中规成诸器，神枢即契造物理。对碗可悟见诸羹，幻海浮沉宁论彼。”末尾署“乾隆乙巳仲夏月上浣恭题御笔”，并钤有“古稀天子”篆书方印，碗外底照例有“康熙赏玩”的四字款识。

〔以史为鉴〕

清朝入关前崇尚勤俭、朴素为风的传统对康熙影响至深。康熙九年（1670），康熙颁布治国纲领《圣谕十六条》，其中第五条“尚节俭，以惜财用”明确了把尚俭去奢作为治理国家的一项基本原则。康熙生活简朴，倡行节俭，时时处处以勤邦俭家的上古贤君大禹、文王等为榜样，“俭身省心”，自觉地过着简朴寡欲的生活。

法国传教士白晋（Joachim Bouvet）目睹了康熙的日常生活，关于康熙的饮食，他留有如下记载：“就其个人有关的方面看，那种恬淡素朴简直是没有先例的。他的餐桌是切合一位伟大君主身份的，桌上按照当地的观念和方式，摆满了金银餐具。但是，除了循例供奉的东西外，他毫无奢求。他满足于最普通的菜肴，从未有过丝毫的过度，他的淡泊超过了人们所能想象的程度。”而对于皇宫的陈设，白晋如此写到：“它（皇宫）的内部以及一些殿宇，即使是皇帝所居住的，也只有几幅字画、几件描金饰物和一些相当简朴的绸缎，而绸缎在中国是十分普通的，不在奢侈品之列，简单朴素就几乎是那里的全部装饰了。”“他的衣着，除了几件宫廷极为常见的过冬的黑貂、银鼠皮袄外，还有一些在中国算是最普通、最常见、只有小老百姓才穿不起的丝绸服装。夏天，我们看到他穿一件普通的麻布短褂，这也是一般人家常穿的衣服。”“他在宫内、宫外不骑马时用的那顶轿子，只是一件类似担架的东西而已，木质平常，涂漆，有几处包有铜片或者点缀一些镀金的木雕……马具中较豪华的只不过是一副相当朴素的镀金铁质马镫，以及一副由黄丝绒编制的马缰绳而已。”（《康熙帝传》）

榜样的力量是巨大的，上行下效，康熙奉行节俭、表率臣民，王公大臣自然效法，少用、不用金银器皿及金马镫等贵重物品，日常服用所需资费，也“较从前十分之内，已减九分矣”。康熙初年，高官贵族为亲属祭葬时，仍以焚化皮衣为时尚，至康熙朝中叶“其风已熄”。

当重五谷，不贵金玉

训曰：古之圣人，平水土，教稼穑，辨其所宜，导民耕种而五谷成熟。孟子曰："五谷熟而民人育。"则人之赖于五谷者甚重。尝思夫天地之生成，农民之力作，风雷雨露之长养，耕耘收获之勤劳，五谷之熟，岂易易耶？《礼·月令》曰："天子以元日祈谷于上帝。"凡为民生粒食计者至切矣，而人何得而轻亵[1]之乎！奈何世之人帷知贵金玉而不知重五谷，或狼籍于场圃[2]，或委弃于道路，甚至有污秽于粪土者，轻亵如此，岂所以敬天乎？夫歉岁谷少，固当珍重；而稔岁[3]谷多，尤当爱惜。《诗》曰："立我烝民，莫匪尔极。贻我来牟，帝命率育。"[4]噫嘻重哉！

〔注释〕

［1］轻亵：轻视怠慢。

［2］场圃：农家种菜蔬和收打作物的地方。

［3］稔岁：丰收的年岁，丰年。同稔年。

［4］语出《诗经·思文》。

〔译文〕

训教说：古代的圣人，治理水土，教人们种庄稼，分析庄稼适宜生长的条件，引导人民耕种直至五谷成熟。孟子说："五谷成熟，便会得到养育。"可见，人们对五谷的依赖程度之深。我曾经感叹天地万物的生成，农民的辛勤劳作，风雷雨电的滋养，耕耘收获的勤劳付出，五谷成熟，岂是那么容易的？《礼记·月令》上说："天子在元日这天向上帝祈求五谷丰登。"天子如此重视人民的生计衣食，人们收获五谷之后怎么能肆意浪费轻贱呢？奈何世人只知道视金玉为贵重物品而不知道珍惜五谷，要么把他们随意放在场圃，要么丢弃在道路边上，甚至有的被粪土玷污，如此轻视怠慢，这岂是敬天之道？灾年欠收谷物少，自然应当珍重；而丰年五谷丰收，尤其应当爱惜。《诗经》上说："安定天下众多百姓，无人不受恩赏。把麦种赐给我们，用它来养育万民。"说得很在理啊。

〔延伸阅读〕

《诗经·思文》："思文后稷，克配彼天。立我烝民，莫匪尔极。贻我来牟，帝命率育，无此疆尔界。陈常于时夏。"后稷是周人的始祖，舜时为农官。这句话的意思是，追思先祖后稷的功德，丝毫无愧配享上天。后稷养育了亿万民众，他的恩惠谁不铭刻于心？他留给我们优良的麦种，用以供养万民，不分疆界，全国推广农政。

《诗经·思文》是西周早期的作品，本诗对周代先王的颂扬尤为热烈，而后稷“诞降嘉种”，开创农事、养育万民的功德是在上帝授意下完成，富有神话色彩。《毛诗序》上说，《诗经·思文》是“后稷配天”的乐歌。而后稷之所以“克配于天”，在于“后稷生于姜嫄，文、武之功起于后稷，故推以配天也”。

〔以史为鉴〕

《礼记·月令》载：“（孟春之月）天子乃以元日祈谷于上帝。”祈谷礼是古代祈求谷物丰熟的祭礼。作为中国古代国家重大祭礼之一，《礼记·祭统》中讲：“凡治人之道，莫急于礼；礼有五经，莫重于祭。”

虽然史书记载各朝多遵循上辛日祈谷的礼制，但受各种因素影响，祈谷礼的举行时间多调整至立春前后。

实际上，明初并无祈谷之祭。直至嘉靖十年（1531），于孟春上辛在南郊大祀殿（即后来的祈年殿）行祈谷礼。后又改在惊蛰之日举行，祈谷礼时间无定制，多变化不一。

清朝入关后，国家祭祀礼制沿袭明制，《清史稿》载：“清初定制，凡祭三等：圜丘、方泽、祈谷、太庙、社稷为大祀。”祈谷礼作为清代吉礼，属大祀：“大祀十有三：正月上辛祈谷，孟夏常雩，冬至圜丘，皆祭昊天上帝。”三大礼均于南郊天坛举行。《太常寺则例》载：“顺治元年定，每岁正月上辛日祀上帝于南郊，为民祈谷。”但实际上，祈谷礼时间常有变化。以康熙朝为例，（康熙）九年（1670）正月初三日上辛，祭祈谷坛于本年十二月二十九日起斋戒三日，正值元旦，应照顺治十五年之例改期于正月十三日次辛行礼。康熙五十五年（1716），正月十二日立春，正月十日为上辛日（辛丑），在立春前，因此商议于下辛日举行祈谷礼：“正月十日上辛，以尚未立春，议改下辛。”

雍正时则规定祈谷礼在立春后举行：“雍正十二年议准孟春祈谷国家大典谨按《礼记·月令》‘春之日，天子迎春于东郊’。嗣乃祈谷于上帝，是祈谷之礼原应在立春之后，所以顺时令而兆农祥也。”雍正十三年（1735），正月十日上辛，十二日立春，因尚未立春，雍正认为“此非乘阳义也”，命礼臣集议。奏言：“《礼记·月令》，立春日，天子迎春东郊，乃祈谷上帝。此礼本在立春后，请循例用次辛，或立春后上辛。”（《清史稿》卷八十三）《太常寺则例》卷十六中亦载：“（雍正十三年）祈谷应照康熙五十四年改期下辛之例，择于正月二十日致祭，并请嗣后每年祈谷均在立春后上辛日举行。”

祈谷大典作为清代帝王每年在天坛举行的三大祀之一，表现了古人顺天时、重农耕的特点，也可看出古人祈福于天、求天事顺人事的意识。

天地好生，不得肆情烹脍

训曰：饮食之制义[1]，取诸鼎，圣人颐养之道也。是故古者大烹，为祭祀则用之，为宾客则用之，为养老则用之，岂以恣口腹为哉？《礼·王制》曰："诸侯无故不杀牛，大夫无故不杀羊，士无故不杀犬豕，庶人无故不食珍。"《论语》曰："子钓而不纲，弋不射宿。"古之圣贤其于牺牲禽鱼之类，取之也以时，用之也以节。是故朕之万寿与夫年节有备宴恭进者，即谕令少杀牲。正以天地好生，万物各具性情而乐其天，人不得以口腹之甘而肆情烹脍也。

〔注释〕

［1］制义：制定尊卑之义。《左传·桓公二年》："夫名以制义，义以出礼。"

〔译文〕

训教说：饮食上的尊卑礼仪制度，取之于鼎的使用，这是圣人颐养身心之道。所以，古代大型的烹饪，只在祭祀场合使用，只在宾客光临的场合使用，只在养老人的时候使用，又岂能肆意以此满足口腹之欲？《礼记·王制》说："诸侯没有特定的原因不能杀牛，大夫没有特定的原因不能杀羊，士没有特定的原因不能杀犬豕，百姓没有特定的原因不能吃珍贵的食物。"《论语》说："孔子用鱼竿钓鱼而不用渔网捕鱼；夫子用弋射的方式获取猎物，但是从来不射取休息的鸟兽。"古代的圣贤对于祭祀用的牛羊牲畜禽鱼之类，按时令猎杀，分场合节日使用。所以，每逢我的寿辰与年节有准备宴席和进献的，我就告诉他们少猎杀牲口。因为天地有好生之德，万物各自有其性情而怡然自乐，人类不能因为自己的口腹之欲而肆意烹煮腌脍。

〔延伸阅读〕

鼎，是古人的烹饪器物，起源于夏朝，风行于商周时期。鼎由青铜制成，属金；鼎置于泥土夯筑的祭坛上，属土；鼎中汤羹以水熬成，属水；鼎下烧火则用木柴和火种；故鼎与金、木、水、火、土五行皆相关。

夏商周时期，家族成员围坐在大鼎周围进食。吃饭的人越多，鼎越大，标志着这个家族的地位和实力就越高越大。因此鼎被视为地位和权利的象征。在周朝时，天子用九鼎（隐喻九州），诸侯用七鼎，卿大夫用五鼎，礼士用三鼎，武将用一鼎。

《左传·宣公三年》里记载，楚庄王北上中原，自恃武力向周王朝问“鼎之轻重”，周定王的使者王孙满严词以对，谈及九鼎的由来、意义、形状、花纹、流传历史、与政权的关系等：

在德不在鼎。昔夏之方有德也，远方图物，贡金九牧，铸鼎象物，百物而为之备，使民知神奸。故民入川泽山林，不逢不若。螭魅罔两，莫能逢之。用能协于上下，以承天休。桀有昏德，鼎迁于商，载祀六百。商纣暴虐，鼎迁于周。德之休明，虽小，重也。其奸回昏乱，虽大，轻也。天祚明德，有所厎止。成王定鼎于郏鄏，卜世三十，卜年七百，天所命也。周德虽衰，天命未改。鼎之轻重，未可问也。

〔以史为鉴〕

与《礼记·王制》中说的“诸侯无故不杀牛，大夫无故不杀羊，士无故不杀犬豕，庶人无故不食珍”相似的是，《国语·楚语下》说：“天子举以大牢，祀以会；诸侯举以特牛，祀以太牢；卿举以少牢，祀以特牛；大夫举以特牲，祀以少牢；士食鱼炙，祀以特牲；庶人食菜，祀以鱼。”

孟子见梁惠王时，“王坐于堂上，有牵牛而过堂下者，王见之曰：‘牛何之？’对曰：‘将以衅钟。’王曰：‘舍之，不忍其觳觫，若无罪而就死地。’对曰：‘然则废衅钟欤？’曰：‘何可废也？以羊易之！不识有诸？’”梁惠王不忍见牛战栗发抖，无罪而死，又不能不祭钟，最后以羊替代，这便是“替罪羊”的出处。

牛作为农耕社会主要的劳动工具，具有重要的地位。牛、马、羊、猪、狗、鸡，这“六畜”在享用规格上也有等级之分，只有天子才能每天吃牛肉，而诸侯只能在特定的日子，比如每月的朔日（初一）品尝牛肉。这是饮食的礼仪与规制。

《论语·述而》载：“子钓而不纲，弋不射宿。”孔子用鱼竿钓鱼但不用渔网捕鱼，孔子也打鸟，但从不射取休息的鸟兽。这表现了孔子的仁爱之心。唐代白居易有一首名为《鸟》的诗：“谁道群生性命微，哺雏觅食故飞飞。劝君莫打三春鸟，子在巢中望母归。”白居易此诗旨在劝人不杀生，爱护动物，积德行善。康熙年轻时，以能射杀动物为武力超群的象征。《清圣祖实录》记载，康熙晚年时曾总结自己打死野兽的数量：“虎一百二十五、熊二十、豹二十五、猞猁十、麋鹿十四、狼九十六、野猪一百三十二……”但是，康熙晚年不仅对所围猎的动物有恻隐之心，即使那些贪墨违纪的大臣，他也尽量保全，这体现了他以仁政施天下的治国方针。

祖父之基，不可易视

训曰：赖祖父[1]福荫，天下一统，国泰民安。远方外国商贾渐通，各种皮毛较之向日[2]倍增。记朕少时，贵人所尚者惟貂，次则狐膁天马[3]之类，至于银鼠[4]，总未见也。驸马[5]耿聚忠[6]着一银鼠皮褂，众皆环视，以为奇珍。而今银鼠能直几何？即此一节而论，祖父所遗之基，所积之福，岂可易视哉！

〔注释〕

［1］祖父：祖先父辈。

［2］向日：往日；从前。

［3］狐膁天马：膁，牲畜腰两侧肋骨和胯骨之间的虚软处。天马：骏马。

［4］银鼠：状颇类鼬，耳小，毛短，其色洁白，皮可御寒，极贵重。

［5］驸马：中国古代帝王女婿的称谓。清代宗室、贵族女婿也称额驸。

［6］耿聚忠：康熙朝“三藩”之一的靖南王耿继茂的第三子，耿精忠的三弟。娶安郡王岳乐之女和硕柔嘉公主为妻。因忠于清廷，在“三藩之乱”中未尝附逆，加封太子太保，得以善终。

〔译文〕

训教说：仰赖祖先父辈的荫庇，天下统一，国泰民安。远方外国的商人渐渐来通商，各种皮毛的流通和以前相比成倍增加。我记得小时候，王公贵人中最时尚的衣着只有貂皮，其次是各种狐裘和马皮大衣，至于银鼠皮，从来没有见到过。当时的驸马耿聚忠曾经穿过一件银鼠皮褂，大家都争相围看，视为奇珍异宝。如今银鼠皮衣能值多少钱？单就这一点来说，祖先父辈所遗留下来的基业，所积累下来的福祉，又怎么能够等闲视之呢？

〔延伸阅读〕

《清朝野史大观》中《公主受保姆之虐待》条载：“公主出嫁，即赐以府第，不与舅姑同居，舅姑且以见帝礼谒其媳。驸马居府中外舍，公主不宣召，不得共枕席，每宣召一次，公主及驸马必用无数规费，始得相聚。其权皆在保姆，则人所谓管家婆也，公主若不贿保姆，即有所宣召，保姆必多方间阻，甚至责以无耻。女子多柔懦面软，焉有不为其所制者。即入宫见母，亦不敢曲诉，势分相隔，不得进言，即言亦不听，所以有清一代公主无生子者，有亦驸马侧室所出。若公主先驸马死，则逐驸马出府，将府第房屋、器用、衣物、衣饰全数而入于宫中，除屋宇外，其入保姆腰缠者，不可考也。大抵清公主十人而九以相思死。”

额驸和公主既是夫妻关系，又是臣属关系。公主下嫁后，不可久居额驸家中，须由皇室另拨银建府邸而居，称公主花园，而非额驸府。额驸每天早晚须衣冠合制到公主住处阶下帘外，向公主问安。公主命进，太监或女仆传话：“额驸爷请进。”驸马才敢从命。如果帘内传出：“额驸爷请起。”则驸马转身而退，不敢擅入。清朝礼制，公主和额驸不能同席饮食。公主薨后，不葬驸马祖茔之内，也不能与驸马合葬，而由内务府拨官地营建公主坟。如驸马先亡，则此府为公主的养老送终之所，公主死后由公主的子孙交还朝廷，子孙另迁居而无权享有此府。如果公主先薨，额驸在孝满之后，也须将府邸及赐园交还朝廷，本人退居原来府内，只有田地财产可以继续享受，额驸名义等不变。清朝礼制，公主薨后驸马若能为妻守节而终生不再续弦，则爵秩、待遇终生不变并可荫及子孙。如驸马不耐鳏居，另娶夫人，则立即革除爵秩，并收回皇室所赐房屋、田产、珠宝、奴仆、牛马等所有财产。纳妾不在此例。

〔以史为鉴〕

康熙的祖父皇太极是努尔哈赤第八子，在八大贝勒中排名第四，被称为四贝勒。

皇太极继位之后，在政治上，除掉了二贝勒阿敏、三贝勒莽古尔泰，又挟制大贝勒代善，废除了大汗同三大贝勒并坐制，改为皇太极“南面独坐”，强化君主集权；并仿效明制，设立内三院、六部、都察院、理藩院等“三院六部二衙门”的政府架构，完善了政权组织体制和架构。皇太极改族名女真为满洲，改国号大金为大清，改年号“天聪”为“崇德”。对于民族关系，他提出“治国之要，莫先安民”方针，强调满、蒙、汉关系“譬诸五味，调剂贵得其宜”，并积极笼络重用汉官。

军事上，皇太极在宁远之战、宁锦之战和北京之战三次大败后，仿制了第一批新式武器——红衣大炮，成为八旗兵器史和军事史上划时代的大事件。皇太极四面出击，开疆拓土。向东出兵，两征朝鲜，确立了大清与朝鲜的“君臣之盟”。向北用兵，征抚索伦，使贝加尔湖以东、外兴安岭以南、乌苏里江至鄂霍次克海的广阔地域归属于清朝。向西用兵，三征蒙古，主要目标是收服察哈尔部的林丹汗统治的漠南蒙古。向南用兵，五入中原。

经济上，皇太极发展生产、致力贸易和战争掠夺三策并用，通过出兵朝鲜、控制蒙古、招抚黑龙江女真，与周边大规模进行贸易活动，朝贡、互市、专项采购，使社会经济得到恢复和发展，为其攻打明朝并取而代之打下了坚实的物质基础。

宜永念祖父所积之福

训曰：明朝末年，西洋人始至中国，作验时之日晷[1]。初制一二时，明朝皇帝目以为宝而珍重之。顺治十年间，世祖皇帝得一小自鸣钟以验时刻，不离左右。其后又得自鸣钟稍大者，遂效彼为之。虽能仿佛其规模而成在内之轮环，然而上劲之法条[2]未得其法，故不得其准也。至朕时，自西洋人得作法条之法，虽作几千百而一一可必其准。爰[3]将向日所珍藏世祖皇帝时自鸣钟，尽行修理，使之皆准。今与尔等观之，尔等托赖朕福，如斯少年皆得自鸣钟十数以为玩器。岂可轻视之，其宜永念祖父所积之福可也。

〔注释〕

［1］日晷：古代利用日影测得时刻的一种计时仪器，又称“日规”。

［2］法条：即发条。

［3］爰：于是。

〔译文〕

训教说：明朝末年，西洋人开始来到中国，制作了利用新的计时的仪器——日晷。刚开始制作的时候，明朝的皇帝都把它视为珍宝，特别珍重。顺治十年，世祖皇帝得到一个小自鸣钟用来检验时间，时刻不离身边。此后又得到一个稍微大点的自鸣钟，于是就仿着那个自鸣钟自制。虽然能够大致制作出里面差不多模样的轮环，但是用作动力的发条却始终未得其法，所以制作的自鸣钟也不准。到我朝时，从西洋人那里得到制作发条的方法，即使制作成千上百的自鸣钟，每一个都很准时。于是把以前世祖皇帝时候珍藏的自鸣钟，全部拿出来修理，使它们都能够准确。今天拿给你们看，你们多亏享了我的福，小小年纪就都能拿十多个自鸣钟作为玩意儿。这些怎么能够轻易对待呢，你们应该一直记着祖先给你们积累的福分啊。

〔延伸阅读〕

古代人由于没有精确的计时仪器，最初就粗略地把时间分为白天和黑夜，“日出而作，日入而息”。人们把日出时称为旦、早、朝、晨，日入时称夕、暮、晚。太阳正中时叫日中、正午、亭午，将近日中时叫隅中，偏西时叫昃、日昳。日入后是黄昏，黄昏后是人定，人定后是夜半（或叫夜分），夜半后是鸡鸣，鸡鸣后是昧旦，平明则是天亮的时间。古人一天两餐，上餐在日出后隅中前，这段时间就叫食时或早食；晚餐在日昃后日入前，这段时间叫晡时。

后来，人们根据太阳出没的规律、天色变化以及自己日常生产活动、生活习惯，把一昼夜划分为十二时段，每一时段称一个时辰。这一计时方法在西周时就已开始使用。汉代时命名为夜半、鸡鸣、平旦、日出、食时、隅中、日中、日昳、晡时、日入、黄昏、人定。后来又用十二地支来表示，大致以夜半二十三点至一点为子时，一至三点为丑时，三至五点为寅时，依次递推。

后来，古人把一夜分为五更。于是，城市里就形成了敲梆报时的习惯和制度，用击钟、敲鼓向市民报时。一夜等分为五更，一更也等于现在的二个小时，从晚上七时开始起更。一更即戌时，指晚上七时至晚上九时；二更即亥时，指晚上九时至晚上十一时；三更即子时，指晚上十一时至次日凌晨一时；四更即丑时，指一时至三时；五更即寅时，指三时至五时。

人们从房屋、树木等在太阳光照射下投出影子的变化规律中，学会了在平地上竖立一根竿子或石柱来观察影子的变化，称作“表”，然后用尺子测量表影的长度和方向，确定时辰，用石板制成的尺子叫“圭”。于是，圭表便成了早期测定时间的工具。

在圭表的基础上，人们发明了日晷。日晷通常由铜制指针和石制圆盘组成。铜制指针称“晷针”，起圭表中立竿的作用，又叫“表”，石制圆盘叫“晷面”，在晷面的正反两面刻划出12个大格，每个大格代表一个时辰。当太阳光照在日晷上时，晷针的影子就会投向晷面，太阳由东向西移动，投向晷面的晷针影子也慢慢地由西向东移动，以此来显示时刻。

漏刻是古代另一种流行的计时工具，即把水注入留有小孔的漏壶内，水从壶孔中流出，另取容器收集漏下来的水，于其内立一刻有标记的箭杆，以竹片或木块托着箭杆浮于水面上，箭杆从盖孔穿出，称“箭壶”。箭壶内，木块托着箭杆水上浮，通过箭杆上的标记来确定时刻。

〔以史为鉴〕

中国古代原始的计时工具如圭表、日晷等，主要依据太阳运行的投影来测定时间，此后则依靠刻漏、借水或沙滴漏来测量时间。清代钱泳《履园丛话·艺能·铜匠》中载：“测十二时者，古来惟有漏壶，而后世又作日晷、月晷，日晷用于日中，月晷用于夜中，然是日有风雨，则不可用矣。”

1270年前后，意大利和德国出现了早期的机械钟。万历二十九年（1601），利玛窦（Matteo Ricci）抵达北京，进呈自鸣钟、《圣经》《万国图志》、大西洋琴等16件贡品给万历皇帝。万历皇帝对大小两架自鸣钟最为喜爱，他将小的带在身边时常把玩；而大的则被置于宫内阁楼之中专司报时。由于自鸣钟构造复杂，传教士们被允许定期进宫对自鸣钟进行检修维护。

清初顺治、康熙年间，由于皇帝个人对西方科学的认识与兴趣，宫中出现了收集并仿制钟表的热潮。葡萄牙籍传教士安文思（Gabriel De Magalhaens）在顺治、康熙两朝，多次为清宫制造自鸣钟，“欲以此博帝欢”。《国朝宫史》和《钦定日下旧闻考》载：“端凝殿南，旧设自鸣钟处。”康熙十年（1671）曾御书“敬天”匾额，传旨须在自鸣钟处悬挂。《国朝宫史续编》上记载掌管自鸣钟的官员：“端凝殿兼自鸣钟（处），七品首领一，执守侍。太监十，专司近御随侍赏用银两，验自鸣钟时刻及陈设、洒扫、御前坐更等事。”在康熙四十九年（1710）十月孝惠章皇太后七旬盛典，康熙敬献“御制万仙庆寿自鸣钟”作为贺礼。康熙五十年（1711），康熙作《咏自鸣钟》一首：“法自西洋始，巧心授受知。轮行随刻转，表指按分移。绦帻休催晓，金钟预报时。清晨勤政务，数问奏章迟。”（《圣祖仁皇帝御制文集》第四集卷三十二）

在安文思的举荐下，康熙朝先后有陆伯嘉（Jacgues Brcard）、杜德美（Pierre Jartoux）、林济各（Francois Louis Stadlin）等6位西洋钟表匠师进入清宫。康熙四十七年（1708），江西巡抚郎廷极向康熙进贡“西洋大日表”，康熙朱批：“近来大内做的比西洋钟表强远了，已（以）后不必进。”从沈初的《西清笔记》中可见清宫自产自鸣钟的水准：“内府一自鸣钟，下一格，有铜人长四五寸许，屈一足跪前，承以沙盘，钟鸣时，铜人手执管，于盘中划沙，作‘天下太平’字，钟响寂，则书竟矣。”

雍正朝时，“自鸣钟”下设钟表作坊，成为专门制作宫中钟表的“做钟处”，隶属清宫造办处。

乾隆朝是我国宫廷制钟业的鼎盛时期，宫廷钟表数量多、质量高，是清代中国钟表业最辉煌的时期。据文献记载，乾隆元年（1736）已“做过自鸣钟百拾件”；乾隆二年（1737），“所造钟表甚多”，以至奏报“作房窄小”。乾隆朝权臣和珅被抄家时，查出家藏各类钟表竟多达590件。

康熙嗜爱科学，视自鸣钟为实用物品，未尝目为玩器。乾隆朝始，“制惟日趋巧”，则与玩器日近，乾隆曾有诗云：“奇珍来海舶，精制胜宫莲。……天工诚巧夺，时次以音传。……钟鸣别体备，乐律异方宣。欲得寂无事，须教莫上弦。”（《咏自鸣钟》）到乾隆朝，自鸣钟已经由稀罕的舶来品变得平常，赵翼称：“傅文忠公家所在有钟表，甚至傔从无不各悬一表于身。”（《檐曝杂记》卷二）丁柔克则说：“今则商贾、奴隶，无不有表，且有多者。”（《柳弧·表》）钱泳《履园丛话》称：“自鸣钟表皆出自西洋，近广州、江宁、苏州工匠亦能造。”虽然清朝出现了很多进口和自制的钟表，但都为王宫贵府所用，一般的平民百姓还是看天晓时。

六、待人篇

虚己游世，与人相安

训曰： 子曰："吾非斯人之徒与而谁与？"[1]人生斯世，自少而壮，自壮而老，孰能一日不与斯世斯人相周旋耶？顾应之得其道，我与世相安。应之不得其道，则世与我相违。庄子曰："人能虚己以游世，其孰能害之？"[2]此言善矣。

〔注释〕

［1］语出《论语·微子》："子曰：'鸟兽不可与同群，吾非斯人之徒与而谁与？'"

［2］语出《庄子·山木》："向也不怒，而今也怒；向也虚，而今也实。人能虚己以游世，其孰能害之？"

〔译文〕

训教说：孔子说："我们不同人群打交道，又同什么去打交道呢？"人生在世，从少年到壮年，从壮年到老年，谁能有一天不和世人交往周旋的呢？各方面照应周到，则可以和世人各方安好；照应不到，则与周围的世界格格不入。庄子说："人能够抛弃名利思想，闲暇自得地生活，还有谁能损害你的利益呢？"这句话说得很对。

〔延伸阅读〕

《论语·微子》上记载了一则故事："长沮、桀溺耦而耕，孔子过之，使子路问津焉。长沮曰：'夫执舆者为谁？'子路曰：'为孔丘。'曰：'是鲁孔丘与？'曰：'是也。'曰：'是知津矣。'问于桀溺。桀溺曰：'子为谁？'曰：'为仲由。'曰：'是鲁孔丘之徒与？'对曰：'然。'曰：'滔滔者天下皆是也，而谁以易之？且而与其从辟人之士也，岂若从辟世之士哉？'耰而不辍。子路行以告。夫子怃然曰：'鸟兽不可与同群，吾非斯人之徒与而谁与？天下有道，丘不与易也。'"

长沮、桀溺耕田，孔子叫子路去问路。长沮和桀溺问孔子和子路的情况，然后说："像洪水一样的坏东西到处都是，你们同谁去改革它呢？

你与其跟着孔丘那种逃避坏人的人，为什么不跟着我们逃避整个社会的人呢？”说完，二人继续耕田。孔子听后失望地说：“鸟兽是不可与之同群的呀！我不和那天下人同群，又和谁同群呢？如果天下太平，我就不会从事改革了。”

〔以史为鉴〕

人作为社会动物，具有社会属性的一面，谁也不能离开社会单独存在，人与人之间的交际关系就显得格外重要。

孔子身处天下大乱、礼崩乐坏的春秋晚期，而孔子又以自己志道据德、传承文明、振兴华夏的社会责任感激励、鼓舞、培养了一代又一代人。孔子曾说：“天下有道，丘不与易也。”天下有道的时候，我就不结交他人并改变他们了。“鸟兽不可与同群，吾非斯人之徒与而谁与？”飞鸟和走兽不可结交，而我不结交那些作为同类的人，去结交谁呢？孔子“与之”是为了“易”之，即改变他们。在孔子与隐士的交往中，我们看到的是儒、道两家的惺惺相惜，他们相遇而不能同行，却又互为知音。

封建社会君臣之间的关系是师生、是友、是敌、是搭档、是对手，相互协作又相互制约。

康熙是历史上少有的深具个人魅力的君主，在君臣关系上，比其他帝王更多了几分人情味。曾国藩和郭嵩焘在日记中自述曾梦到康熙，这一方面说明在晚清国势衰颓之际，朝臣盼望再现明君；另一方面也可见康熙在汉族士大夫心中的独特地位。

康熙二十年（1681），皇帝按例“大宴群臣”，考虑到大臣在赴宴时往往战战兢兢，怕失仪，康熙在开席前决定自己不参加宴会，并传旨："今日宴集诸臣，本当在朕前，但因人众，恐恩泽未能周遍，故不亲莅。诸臣可畅饮极欢，毋拘谈笑，以负朕意。"（《圣祖仁皇帝圣训》卷三十七）结果"诸臣无不沾醉"。康熙二十一年（1682），康熙邀请大臣到中南海垂钓，并宣布可把钓到的鱼带回家给家人品尝："今于桥畔悬设罾纲，以待卿等游钓。可于奏事之暇，各就水次举网得鱼，随其大小多寡携归邸舍，以见朕一体燕适之意。"（《圣祖仁皇帝御制文集》卷十三）康熙四十七年（1708），康熙在外巡行，邀请随行大臣到其行宫"随意遍观，勿拘形迹"，"遇名胜处，辄亲赐指示，诸臣得一一见所未见"。（《张文贞集》卷六）康熙常说："天下当以仁感，不可徒以威服。"正是这种"君臣上下如家人父子"的亲密关系，才使天下臣民"遐迩上下倾心"。就连狱中的囚犯，康熙也格外关照。有一年，北京暑热，康熙下诏指示改善犯人待遇："有罪之人拘系囹圄，身被枷锁，当兹盛暑，恐致疾疫，朕念及此，不胜恻然，应将在京监禁罪囚少加宽恤，狱中多置冰水以解酷暑，其九门锁禁人犯亦著减其锁条，至枷号人犯限期未满者暂行释放，候过暑时照限补满。"（《圣祖仁皇帝圣训》卷四）

正如康熙所说："顾应之得其道，我与世相安。应之不得其道，则世与我相违。"能够做到和周围所有人和谐相处，谁还会加害于我们呢。

持身处世，以恕存心

训曰：凡人持身处世，惟当以恕存心。见人有得意事，便当生欢喜心；见人有失意事，便当生怜悯心。此皆自己实受用处。若夫忌人之成，乐人之败，何与人事？徒自坏心术耳。古语云："见人之得，如己之得；见人之失，如己之失。"如是存心，天必佑之。

〔译文〕

训教说：一个人立身处世，应当有宽容之心。看见别人有得意的事情，就应该心生欢喜；看见别人有失意的事情，就应该生出怜悯和同情心。这种心态对自己很有好处。要是嫉妒别人的成功，而对别人的失败幸灾乐祸，那怎么能和别人一起共事呢？徒然坏了自己的心性罢了。古人说过："看到别人有所得，就如同自己有所得；看到别人有所失，就如同自己有所失。"存有这样的心态的人，上天一定会庇佑他。

〔延伸阅读〕

"见人之得，如己之得；见人之失，如己之失。"语出《太上感应篇》，意即看见别人有所得，就如同自己得到一样高兴；看见别人有损失，就如同自己损失一样，同情、怜悯他。

《太上感应篇》是道教的劝善书，被誉为"古今第一善书"，为北宋李昌龄所著。太上即太上老君，原名李耳，又称老子，被尊为道教始祖。

《太上感应篇》最初只在民间流传，南宋时获官方重视，宋理宗在卷首亲题"诸恶莫作，众善奉行"八字。此后历代刊印传播者众，至明清时而达高峰。《太上感应篇》虽是道教之书，但以儒家现实的封建伦理为准则，有利于规范人们的言行，保证国家、社会、家庭的严谨秩序，故而深为历代统治者所重视，历经宋、元、明、清而久盛不衰。

〔以史为鉴〕

儒家注重强调宽恕之心。曾国藩在《忮求诗》开篇就写道："善莫大于恕，德莫凶于妒。"他在给弟弟曾国荃的信中也说："圣门教人不外敬恕二字，天德王道，彻始彻终，性功事功，俱可包括。余生平于敬字无功夫，是以五十而无所成。至于恕字，在京时亦曾讲求及之。近岁在外，恶人以白眼藐视京官，又因本性倔犟，渐近于愎，不知不觉做出许多不恕之事，说出许多不恕之话，至今愧耻无已！"

一个愚昧的人在见到他人失去时，内心会有一种莫名的快感，而见到他人得到幸福时，内心会觉得好像自己失去了什么东西，这是一种非常可怕的心态。别人的成败得失对自己没有丝毫伤害，而自己却产生嫉恨心理，这是因为心胸狭窄，心态不平之故。

《论语》里多篇提到忠恕之道，《里仁》篇中曾子说："夫子之道，忠恕而已矣。"《礼记·中庸》则说："忠恕违道不远，施诸己而不愿，亦勿施于人。"所以，康熙说："凡人持身处世，惟当以恕存心。"这是一种个人的修养和做人的艺术，对自己有所限制和要求，不随意把自己的想法强加于人，而是肝胆相照、精诚合作。

"得道多助，失道寡助"，以敬处世，以恕存心，见人之得失如己之得失，才能尽心竭力，开创出好局面。

不尚空言，不非议人

训曰：孔子云："先行其言，而后从之。"[1]如宋周、程、张、朱诸儒[2]，皆能勉行道学[3]之实，其议论皆发明先圣先贤之奥旨。又若司马光乃宋朝名相，观其编辑《资治通鉴》，论断古今，尽得其当，可谓言行相符，然自未尝博道学之名也。今人讲道学者，徒尚语言文字，而尤好非议人非，惟言行不符，而言之有实者，盖亦寡矣。朕不尚空言，惟务实行，尤不肯非议人，盖以人各有短长，弃其所短而取其所长，始能尽人之材。若必求全责备，稍有欠缺即行指摘[4]，非忠恕之道[5]也。

〔注释〕

［1］语出《论语·为政》："子贡问君子。子曰：'先行其言，而后从之。'"

［2］周、程、张、朱诸儒：即宋朝的周敦颐、程颢、程颐、张载、朱熹等理学大师。

［3］道学：即理学。形成于两宋时期，后成为封建王朝的官方思想。

［4］指摘：指责，指出错误，给予批评。

［5］忠恕之道：忠者，心无二心、意无二意之谓；恕者，了己了人，明始明终之意。忠诚；宽恕。《论语·里仁》："夫子之道，忠恕而已矣。"

〔译文〕

训教说：孔子说："先实践自己所说的话，等真的做到以后再把它说出来。"比如宋朝的周敦颐、程颢、程颐、张载、朱熹等理学大儒都能够亲身实践道学的知识，他们的言论都能够阐发古代先贤的主旨。再比如，司马光是宋朝的一代名相，阅读他编撰的《资治通鉴》，评论古今政事，都极其恰当，称得上是言行相符，然而却并没有博取道学之名。如今一些谈论道学的人，只崇尚表面的文字功夫，尤其好论别人的是非，且大多言行不相符，而言语切合实际的人，已经很少了。我不喜欢空谈，只注重实际行动，尤其不愿意非议别人，因为人各有长处和短处，舍弃别人的短处而取其所长，这样才能人尽其才。如果一味求全责备，稍微有点错误和不当之处，就批评指责，这不符合忠恕之道。

〔延伸阅读〕

《论语·为政》："子贡问君子。子曰：'先行其言而后从之。'"子贡向孔子请教君子之道。孔子认为，作为君子，不能只说不做，而应先做后说。只有先做后说，才可以取信于人。在孔子看来，君子应该是一个地地道道的实践家，而不是一个夸夸其谈的空头理论派。

有一次，孔子的弟子司马牛问孔子什么是仁。孔子说："仁德的人讲话很谨慎，说起来显得迟钝吃力。"司马牛又问：讲话谨慎迟钝就是仁吗？孔子回答："即使做起来都很难，讲起来能不吃力吗？"

言行一致是种美德。著名教育家陶行知先生之所以取名"行知"，就是取先行后知之意。对孔子来说，言行一致是孔子对自己和学生的要求，先从自己做起，然后才能教导别人。孔子有很多关于言行的教诲。如"君子欲讷于言，而敏于行"（《论语·里仁》）。即君子说话要谨慎，做事应果决。再如"古者言之不出，耻躬之不逮也"（《论语·里仁》）。意即古人不轻易放言，因为他们觉得说到而做不到是一种耻辱。

〔以史为鉴〕

《论语·宪问》："子曰：'有德者，必有言；有言者，不必有德。'"有德之人，说出的话一定有道理。但是能说出有道理话的人，却不一定是有德之人。所谓君无戏言，康熙身为九五之尊，不崇尚说大话、说空话，不非议别人，而崇尚忠恕之道。

《清圣祖实录》卷二百一十六记载：

丁酉。上谕起居注官揆叙等曰："古今讲道学者甚多，而尤好非议人。彼亦仅能言之耳，而言行相符者盖寡。是以朕不尚空言、断不肯非议古人。何以言之？凡人各有短长，弃短取长始能尽人之材。若必求全责备，稍有欠缺，即行指摘，此非忠恕之道也。故孔子当时，惟节取人之善，隐讳人之短，凡事求诸己，不非诸人，是岂可少容私意于其间乎。又人见讲道学之人，或不见用，辄为太息，以为彼果见用，必有可观。此亦徒见其空言而云然也。若果见用，言行亦未必相符。惟宋司马光编辑《资治通鉴》，论断古今，尽得其当。而后之论者，反未尝置诸讲道学之列。司马光乃宋朝名相，言行相符。由此以观，不在空言也。故君子先行后言。果如周、程、张、朱勉行道学之实者，自当见诸议论。若但以空言而讲道学断乎不可。朱子洵称大儒，非泛言道学者可比拟也。”

不空言，不非议人，行忠恕之道。这些在孔子的言论中皆有记载。《论语·宪问》：“子贡方人。子曰：‘赐也贤乎哉？夫我则不暇。’”有一次，孔子的徒弟子贡（端木赐）比方人物，议论短长。孔子说，子贡你已经贤达到可以去指点他人的短长，品评人物的地步了吗？我还做不到啊，没有工夫去品头论足、议论他人短长。《论语·里仁》：“子曰：‘参乎！吾道一以贯之。’曾子曰：‘唯。’子出，门人问曰：‘何谓也？’曾子曰：‘夫子之道，忠恕而已矣。’”孔子用玄机传授心法，而曾子则领悟到了心法的绝妙。

康熙希望通过儒家经典，教育儿孙由自省和自我认知的方式，达到一种时刻保持反躬自省的能力，薄责于人，多反省自己，多看别人的长处。

决不欺人

训曰：朕决不欺人。即如今，凡匠役人等，各有密传技艺，决不肯告人。而朕问之，彼若开诚[1]明奏，朕必密之，不告一人也。

〔注释〕

［1］开诚：指推诚相待；表明诚意。

〔译文〕

训教说：我绝不会欺骗他人。正如现在的手艺匠人等，他们都有各自秘不相传的某种技艺，是决不肯告诉给别人的。但我问他们，他们如果愿意告诉我，我一定会为他们保守秘密，不告诉任何人。

〔延伸阅读〕

古人有“君无戏言”和“军无戏言”的说法。

《吕氏春秋》上记载了一则“桐叶封叔虞”的故事：“成王与唐叔虞燕居，援梧叶以为圭，而授唐叔虞曰：‘余以此封女。’叔虞喜，以告周公。周公以请曰：‘天子其封虞邪？’成王曰：‘余一人与虞戏也。’周公对曰：‘臣闻之，天子无戏言。天子言，则史书之，工诵之，士称之。’于是遂封叔虞于晋。周公旦可谓善说矣，一称而令成王益重言，明爱弟之义，有辅王室之固。”

叔虞与成王玩耍，成王把一桐叶剪成一个似玉圭的玩具，对叔虞说：我把这玉圭封赐你。周公旦听说后，提醒周成王君子无戏言，应当言出必行，于是周成王把唐（后改称晋）作为封地封赐给叔虞。后来，这一故事被民间演绎为“君子无戏言”。意思是君王说出的话，要言出必行。

军无戏言，又作“军中无戏言”，意即军队中商议军机大事，郑重严肃，说话必负责任，不能说大话。

〔以史为鉴〕

《战国策》中《燕太子丹质于秦亡归》篇记载了义士田光的故事。燕国太子丹与义士田光谋刺秦王。太子丹希望通过田光结交荆轲，并说“丹所报，先生所言者，国大事也，愿先生勿泄也”。田光应允，回家后“遂自刭而死”，以此表示替别人守秘的决心。

人们都会有自己的秘密或不愿意让别人知道的事情。朋友之间也会有秘密，知道了别人的秘密，就有替对方保守秘密的义务。为人守信，不仅是品德问题，更是取得他人信任。

反过来说，如果一个人有秘密，而又想守住这个秘密，最好是不要告诉别人。好比有人说：“我有一个秘密，你不要告诉别人。”连自己都不能保守秘密，又怎么能够期望别人可以做到呢？所以，有时候，出卖我们的，不是别人，而是我们自己。

凡人各有识见

训曰：今天下承平，朕犹时刻不倦，勤修政事。前三孽作乱时，因朕主见专诚，以致成功。惟大兵永兴被困之际，至信息不通，朕心忧之，现于词色。一日，议政王大臣[1]入内议军旅事，奏毕佥[2]出，有都统毕立克图[3]独留，向朕云："臣观陛下，近日天颜[4]稍有忧色。上试思之，我朝满洲兵将若五百人合队，谁能抵敌？不日永兴之师捷音必至。陛下独不观太祖、太宗[5]乎？为军旅之事，臣未见眉颦一次。皇上若如此，则懦怯不及祖宗矣。何必以此为忧也？"朕甚是之。不日永兴捷音果至。所以朕从不敢轻量人，谓其无知。凡人各有识见。常与诸大臣言，但有所知所见，即以奏闻，言合乎理，朕即嘉纳。都统毕立克图，汉仗[6]好，且极其诚实人也。

〔注释〕

［1］议政王大臣：清前期满族上层贵族参预处理国政的大臣。议政王大臣制度始于皇太极崇德二年（1637），撤销于乾隆五十六年（1791），是在努尔哈赤八大贝勒（旗主）会议的基础上，增设若干名理政听讼大臣，或称议政大臣，一同议政。

［2］佥：皆，全部，都。

［3］都统：官名。清朝始设八旗都统，分掌满、蒙古、汉军二十四旗政令。毕立克图：蒙古正蓝旗人，顺治时累擢正蓝旗蒙古都统，列议政大臣。康熙间王辅臣叛于平凉，讨降之，封二等男。

［4］天颜：龙颜，帝王的容颜。

［5］太祖：努尔哈赤。太宗：皇太极。

［6］汉仗：指体貌魁梧。

〔译文〕

训教说：现在，天下安定太平，我仍然每时每刻不敢松懈，勤奋处理政务。以前，吴三桂等“三藩”发动叛乱之时，因为我主张坚定，专注精诚，才能成功地平定叛乱。只有大军在永兴被围的时候，情势严峻危急到连消息也不通了，我内心忧虑，不免流露于言语和表情。一天，议政王大臣进宫商议军事问题，奏报完毕后都退下了，只有都统毕立克图单独留下，对我说：“为臣观察陛下近日龙颜稍有忧虑之情。皇上可以想一想，我大清八旗官兵如果五百人集合编队，谁能抵挡住他们呢？过不了几天，永兴军队的捷报必定会传来。难道陛下不曾留意当年太祖、太宗的用兵情况吗？为臣从未见过他们皱一次眉头。皇上您如果这样怯懦心虚，则远远赶不上祖宗的镇定沉着啊！您何必为这样的情况而忧虑呢？”我认为他说的很在理。过了不几天，捷报果然来到。所以，我从来不敢轻视别人，说别人无知。每个人都有自己的见识。我常和各位大臣说："你们但凡知道什么、看见什么，都可以进奏，凡是合理的意见，我都会赞许并采纳。"都统毕立克图，体貌魁梧，面目俊好，而且是一个极其诚实的人。

〔延伸阅读〕

《清史稿》卷二百五十四记载："毕力克图，博尔济吉特氏，蒙古正蓝旗人，世居科尔沁。太宗时，来归，授豫亲王护卫。从伐朝鲜及明锦州，并有功。顺治初，从讨李自成，定西安，移师拔扬州，下江宁，以战绩著，署护军统领，予牛录章京世职，擢正蓝旗蒙古副都统。……十七年，命署护军统领。从定西将军爱星阿出师云南。时明桂王入缅甸，定国与白文选分据孟艮、木邦。……康熙八年，擢正蓝旗蒙古都统，列议政大臣。十二年，加太子少师。十四年，王辅臣叛，授毕力克图平逆将军，帅师驻大同……"

纵观毕力克图一生，曾打过多次大仗，攻打过朝鲜、明朝的锦州，讨伐过李自成，出师云南，配合剿灭南明小朝廷，康熙年间还曾大败叛逆王辅臣。

值得一提的是，南明永历帝得到清军入缅的消息后，曾给吴三桂写了封言辞恳切的求助信："将军本朝之勋臣，新朝之雄镇也。世膺爵秩，藩封外疆，烈皇帝之于将军可谓甚厚。……朕自登极以来，一战而楚失，再战而西粤亡。朕披星戴月，流离惊窜，不可胜数。……将军犹是中华之人，犹是世禄之裔也。即不为朕怜，独不念先帝乎？即不念先帝，独不念二祖列宗乎？即不念二祖列宗，独不念己身之祖若父乎？不知新王何亲何厚于将军，孤客何仇何怨于将军？彼则尽忠竭力，此则除草绝根，若此者是将军自以为智，而不知适成其愚。将军于清朝自以为厚，而不知厚其所薄，万祀而下，史书记载，且谓将军为何如人也。朕今日兵单力微，卧榻边虽暂容鼾睡，父子之命悬于将军之手也明矣。若必欲得朕之首领，血溅月日，封函报命，固不敢辞。倘能转祸为福，反危就安，以南方片席，俾朕备位共主，惟将军命。是将军虽臣清朝，亦可谓不忘故主之血食，不负先帝之厚恩矣。惟冀裁择焉。”（《南明史》）

这样一封没落帝王写给逆臣的充满惊悚恐惧、哀怜乞求的书信，有人评价说，“其音哀愁如秋虫鸣泣，无壮烈之气，有乞生之念”。读来不免令人唏嘘。

〔以史为鉴〕

相比清太祖努尔哈赤、清太宗皇太极，康熙是清朝第一位即位之前没有上过战场、立过战功的皇帝。所以，当清军被围永兴，而前线消息不通时，一向镇定自若的康熙也不免忧心忡忡起来，这种状况当然被臣下看在眼里。

毕力克图是豫亲王多铎的护卫出身，更是顺治年间的老臣，曾立下赫赫战功。所以，面对毕力克图说出“皇上若如此，则懦怯不及祖宗矣” 这种“批逆鳞”的话，康熙也不以为忤，不但能虚心接受，还能示之子孙，并得出“凡人各有识见”的心得，其胸怀宽广坦荡若此，不得不令人敬佩。

封建社会，对政务、外交、民生的控制，向来都是帝王和贵族的特权，但司马迁在《史记》中却写了许多出身普通的政治家、外交家，如管仲、范雎、蔺相如等，甚至写了许多小人物的一言一行影响历史的故事。《史记·楚世家》记载了一个打猎的老百姓，帮助国君改正错误的故事。楚怀王听信谗言，流放屈原，放弃联合抗秦的方针，最后被囚死于秦国。楚怀王之子楚襄王有过之而无不及，认敌为友，采取亲秦方针，整日沉迷于狩猎游玩。他听说楚国一位猎人发明了一种新弓矢，便召来问话，猎人借打猎给楚襄王分析政治形势，并尖锐地批评楚襄王："先王为秦所欺，而客死于外，怨莫大焉。今以匹夫有怨，尚有报万乘，白公、子胥是也。今楚之地方五千里，带甲百万，犹足以踊跃中野也，而坐受困，臣窃为大王弗取也。"楚襄王听后十分羞愤，改变亲秦方针，开始联合他国抗秦。

汉代政论家王充在《论衡》中说："知屋漏者在宇下，知政失者在草野。""宇下"和"草野"实际指无权无势、人微言轻的小人物。但小人物有时候在政治见识上超过大人物，这是因为他们长期生活在民间，对实际问题有切身体会，往往更能反映人民意志。有为的领导往往善于倾听小人物的肺腑之言，检验治政得失。

逸必念人之劳，安必思人之苦

训曰：仁者无不爱。凡爱人爱物，皆爱也。故其所感甚深，所及甚广。在上则人咸戴焉，在下则人咸亲焉。已逸，而必念人之劳；已安，而必思人之苦。万物一体，痌瘝[1]切身，斯为德之盛、仁之至。

〔注释〕

［1］痌瘝：痌，痛苦；恐惧；创伤、溃烂。瘝，疾病、疾苦。意为人民的病痛、疾苦。

〔译文〕

训教说：仁者没有不爱的。凡是爱人、爱物，都是爱。因此他们的感受极深，关爱的对象也非常广。当他们身居高位时，人人爱戴；当他们身处江湖时，人们都亲近他们；他们自己休闲时，一定会想到其他人的辛苦；当他们自己安适时，也一定会考虑到别人的劳苦；他们对天下万物都一视同仁，一切苦痛疾病，他们都感同身受，这就是道德的最高修养，仁爱的极致。

〔延伸阅读〕

“仁者无不爱”语出《孟子·尽心上》：“孟子曰：‘知者无不知也，当务之为急；仁者无不爱也，急亲贤之为务。尧、舜之知而不遍物，急先务也；尧、舜之仁不遍爱人，急亲贤也。不能三年之丧，而缌、小功之察；放饭流歠，而问无齿决，是之谓不知务。’”

孟子说：“智者没有什么不想知道，但急于知道当前该做的要紧事；仁者没有什么不爱的，但急于先爱亲人和贤人。尧、舜的智慧不能遍知所有事物，是因为他急于去做眼前的大事；尧、舜的仁德不能遍爱所有人，是因为他急于去爱亲人和贤人。不能够施行三年的丧礼，却仔细地讲求缌麻三月、小功五月的丧礼；在尊长面前进餐，大口吃饭，大口喝汤，却讲求不用牙齿咬断干肉，这就叫不识大体。”

〔以史为鉴〕

孟子的性善论强调人生而具有四心：仁、义、礼、智。以仁孝德义治国，是君主应遵守的基本准则。唐太宗李世民《帝范》曰："抚九族以仁，接大臣以礼。奉先思孝，处位思恭。倾己勤劳，以行德义，此乃君之体也。"孟子和李世民都把仁放在第一位。

顺治执政时，清军入关立足未稳，惨绝人寰的"扬州十日""嘉定三屠"等更是将满汉矛盾曝光在血腥的镇压之下。所以康熙即位后，深知要想让清朝"受命于天，既寿永昌"，关键在于得民心。所以，康熙广施仁政，恢复生产，轻徭薄赋，对各级官员也有所放纵。《清史稿》评价康熙："圣祖仁孝性成，智勇天锡。……《传》曰：'为人君，止于仁。'又曰：'道盛德至善，民之不能忘。'于戏，何其盛欤！"

无论出于天性使然，还是受儒家影响，抑或帝王权术所需，除去文字狱等少数几件重大史实外，康熙朝的仁政是有目共睹、有口皆碑的。但正所谓"慈不掌兵，义不理财，情不立事，善不为官，仁不行商，柔不监国"，仁厚过分，以至丧失原则，容易纵容祸害。康熙早年除鳌拜、灭三藩，但随着年事渐高，他的思想发生了微妙变化，他也从锐意进取的法家思想实施者变成了宽仁的儒家学派代表人。这从他平日的言行中也有所体现。他说："朕自幼读书，见大臣多不能保其初终，故立志待大臣如手足。不论满汉蒙古，非大奸大恶、法不可容者，皆务保全之。"（《圣祖仁皇帝圣训》卷五十一）又说，"治天下之道，以宽为本。"（《康熙政要》卷二）正因为如此，康熙朝后期，盛世之下实已暗流涌动，留给雍正不小的考验。

拂人之性，灾必逮夫身

训曰：世人秉性，何等无之？有一等拗[1]性人，人以为好者，彼以为不好；人以为是者，彼反以为非。此等人似乎忠直，如或用之，必然偾事[2]。故古人云"好人之所恶，恶人之所好，是谓拂人之性，菑[3]必逮夫身"者，此等人之谓也。

〔注释〕

［1］拗：执拗、固执、不顺从。

［2］偾事：败事。偾，败坏，破坏。《礼记·大学》："一家仁，一国兴仁；一家让，一国兴让；一人贪戾，一国作乱，其机如此。此谓一言偾事，一人定国。"郑玄注："偾，犹覆败也。"

［3］菑："灾"的异体字。

〔译文〕

训教说：世上什么样秉性的人都有。有一种性格执拗、古怪的人，别人以为好的，他却认为不好；别人以为是对的，他却以为是错的。这种人看起来好像忠贞正直，但假若用他办事，一定会坏事。所以古人说："喜好别人所厌恶的，憎恨别人所喜欢的，这就叫做逆拂为人的本性，必定会引祸上身。"说的就是这种人。

〔延伸阅读〕

"好人之所恶，恶人之所好，是谓拂人之性，菑必逮夫身。"语出《大学》第十六章。喜欢众人厌恶的，厌恶众人喜欢的，这种违背人的本性的做法，必定会引祸上身。

《荀子·哀公》上说："君者，舟也；庶人者，水也。水则载舟，水则覆舟。"把君比作舟，把民比作水，水可载舟，亦可覆舟。为君者如果为了一己私欲，他的好恶有悖于人民的好恶，他喜欢的为人民所厌恶，他却不知道民心之贵，而是一意孤行，以致最终失去民心，得不到人民的拥护，等待他的必将是引火上身，自取灭亡。所以，为君者时刻要以人民的好恶为好恶，符合人民利益的事便去做，不符合人民的利益，即使自己再想做，也坚决不能做，这样才能深得民心。

〔以史为鉴〕

在康熙看来，那种专门逆拂人性、骄矜执拗，以凸显自己与众不同的人是万万不能用的，因为这种人要么自以为是，要么容易迷失在个人的得失利害之中，“情欲意识尽属妄心”，失去了基本的判断是非的心智，被心中的妄念所驱使，必然会坏事。

历史上，“卖直取忠、以直邀宠”的臣子不乏其人。汉武帝时，酷吏张汤把忠诚与正直当作取悦皇上、蒙骗百官的资本。审理淮南王谋反案时，汉武帝有心要宽恕伍被和严助两胁从，但张汤力主杀掉，并一直顶撞汉武帝，直到汉武帝让步。张汤摸透了汉武帝一心想加强中央集权的心思，因此杀死二人与汉武帝的根本利益一致。所以，张汤深得汉武帝好感。

嘉庆的授业恩师、状元宰相王杰则不同，其以性格刚直、清正廉明著称，身为清流领袖，他是乾隆朝少有的敢于与和珅唱反调的大臣，《清史稿》中称：“和珅势方赫，事多擅决，同列隐忍不言，杰遇有不可，辄力争。上知之深，和珅虽厌之而不能去。”即王杰多次反对和珅的做法，乾隆知道王杰的忠直，暗地里多加保护，虽然和珅对王杰恨之入骨，却也拿他没办法。

因此，只有把自己的好恶得失放在一边，一心为民，这样的人才是国家需要的，也是领导所喜欢的。如果只是故意利用与众不同来吸取别人的注意或者换来利益，则为人所鄙了。

好名之人，名亦不保

训曰：程子云：“有实则有名，名实一物也。若夫好名者，则徇名为虚矣。如‘君子疾没世而名不称’，谓无善可称耳，非徇名也。”[1]看来有一等好名之人，惟名是务，不着一毫诚实之处，只管行去，不惟无分毫之实，究至于名亦不能保。程子此言，可谓力行之要道也。

〔注释〕

[1]语出《二程遗书》。其中，“君子疾没世而名不称”出自《论语·卫灵公》。

〔译文〕

训教说：程颐说：“有实力即有名，名和实本来就是同一样的东西。有的好虚名的人不顾一切地追求名声，结果什么都得不到。就像孔子说：‘君子忧虑死后名声不能传扬于后世。’这是说没有好的品德被人称颂，并不是让人去强求虚名。”看来有一种好名的人，只注重虚名，没有一点实在的地方，只顾自己的做去，不但没有分毫实在的地方，到最后就连名声恐怕也保不住。程颐这段话，可算得上是做事的关键啊。

〔延伸阅读〕

程子即二程中的程颐，程颢之胞弟，字正叔，教育家，人称伊川先生，北宋洛阳人。20多岁时，其就在京师开馆授徒，“著书立言，名重天下，从游之徒，归门甚众”。后来官至西京国子监教授，成为宋哲宗赵煦的帝师，但不幸卷入党争。宋徽宗时，他的书籍被毁禁，官职被褫夺，门人被驱逐，死时，“洛人畏入党，无敢送者”。

程颐与程颢共创“洛学”，奠定了理学的基础。程颐在教育目的上，主张培养圣人，“圣人之志，只欲老者安之，朋友信之，少者怀之”，“一切涵容覆载，但处之有道”（《河南程氏遗书》卷二上）。在内容上，主张以伦理道德为其根本，《宋史》称其“学本于诚，以《大学》《语》《孟》《中庸》为指标，而达于‘六经’”。程颐强调自我修养，其途径为致知、格物、穷理。另外，他还强调读书要思考，“学者亦有无思而得其乎？”或曰“不深思则不能造其学”。

〔以史为鉴〕

曹操在《述志令》中说：“既为子孙计，又己败则国家倾危，是以不得慕虚名而处实祸，此所不得为也。”当初袁绍和曹操争雄之时，曹操将大将军头衔大度让与袁绍，除了当时袁绍的实力强大之外，根本原因在于曹操懂得“不得慕虚名而处实祸”的道理。可惜，很多人仍然忘了“不得慕虚名而处实祸”的教训，屡屡因为好虚名而惹祸上身。袁绍之弟袁术仰仗自家“四世五公”的显赫背景，从小便有极强的优越感。长大后，每天沉浸于自己的出身而不思进取，结果打仗战无不败，处事荒淫无道，一心只图虚名，以两郡之地僭越称帝，外不顾敌患、内不修德政，最终惨遭灭亡。

清初理学界在对传统儒学进行全面批判总结的基础上，提倡清洗虚空、崇尚实用、注重经史、反对心悟。它最大的特点就是不尚空谈，主张将儒家学说付诸实践，并以解决现实问题为主要目的。康熙受熊赐履、汤斌、魏象枢等理学大儒的影响，也不尚虚名，注重躬行实践。

后来为康熙编著《日讲易经解义》的赫舍里·牛钮在康熙九年（1670）考中进士时，康熙曾勉励他说：“尔考中进士，正宜黾勉学问之时，抑且年富力强，自当大有进益。诵读之功固不可废，躬行实践尤为至要，务时勤职业也。”（《圣祖仁皇帝御制文集》卷六）康熙强调实践要放在诵读之上：“事贵身体力行。先行其言，而后从之。非知之艰，行之维艰。朕听政五十余载，尚不敢自恃。每发一语，必思可行。”

乾隆朝时，就有人因为向皇帝邀虚名而丢了性命。乾隆四十六年（1784），大理寺卿尹嘉铨致仕，回到家乡保定，心中失落。恰逢乾隆从山西五台山返京，途经保定，直隶总督及周边各级官员奉诏至保定署衙亲聆圣谕，但尹嘉铨不在其列。尹嘉铨自作聪明，上了一道奏折，并让其子呈送皇帝，请求皇帝为其父追封谥号，以图光耀门楣，“恳伏乞皇上睿鉴施行，臣不胜激切待命之至”。乾隆看后，批道：“与谥乃国家定典，岂可妄求？此奏本当交部治罪，念汝为父私情，姑免之。若再不安分家居，汝罪不可逭矣！钦此。”（《清代文字狱档》第六辑）

尹嘉铨不知悔改，又上折，提出要将父亲的牌位搬到孔庙里，和孔子一样不朽：“至于臣父尹会一，既蒙御制诗章褒嘉称孝，已在德行之科，自可从祀，非臣所敢请也。”乾隆看后大怒，朱批：“竟大肆狂吠，不可恕也。”然后当天又批示：“尹嘉铨着革去顶带，拿交刑部治罪。”（《清代文字狱档》第六辑）三堂会审过后，尹嘉铨被判凌迟处死，乾隆御批免凌迟，改判绞立决。因为虚名，要了性命。鲁迅先生评价尹嘉铨案发于“不安分”，缘于“既以名儒自居，又请将名臣从祀”。（《买〈小学大全〉记》）

古人云：“声名，谤之媒也。”意即人常常为声名所累。圣人鄙视虚名，视其为国之敌，人之敌，己之敌，并反复告诫世人不要图虚名。正如岳飞在《满江红》中写道：“三十功名尘与土，八千里路云和月。”三十年来风尘仆仆，所成就的功名微如尘土，带兵沙场南征北战八千里，看到的只是天上的云和月。

取笑必然自招

训曰：大凡残疾之人不可取笑，即如跌蹼[1]之人亦不可哂[2]。盖残疾人见之宜生怜悯。或有无知之辈见残疾者每取笑之。其人非自招斯疾，即招及子孙。即如哂人跌蹼，不旋踵间或即失足。是故我朝先辈老人常言，勿轻取笑于人，取笑必然自招，正谓此也。

〔注释〕

［1］跌蹼：失足摔倒，后也喻指挫折和灾难。

［2］哂：讥笑。

〔译文〕

训教说：凡是对于有残疾的人都不能取笑，即使是对失足摔倒的人也不可以取笑。我们见到残疾人应当心生怜悯。有时，无知之人看见残疾人常取笑他们。这种人不是给自己招致残疾，就是会招及子孙。就像取笑别人失足摔倒，转眼之间，自己也有可能会失足。所以我朝先辈老人常说不要轻易取笑别人，取笑别人必会自己招致灾祸，正是说的这个道理。

〔延伸阅读〕

早在南朝陈时期的文学家江总的《衡州九日诗》里就有“姬人荐初酝，幼子问残疾”的诗句，这是“残疾”一词较早的出处。实际上，除了残疾一词外，古人也用“废、疾、伤、损”等词来表示那些肢体、感觉器官残缺不全或伴有机体功能障碍的特殊人群。对于残疾人的分类，古今也保持了一致性。

对于视力残疾、失明，古籍中多用“瞽、矇、瞍、盲、眇”等单字词来表示。郑玄曾注曰：“无目眹谓之瞽，有目眹而无见谓之矇，有目无眸子谓之瞍。”（《毛诗正义》卷十六）盲多指双目失明，眇多指单目失明，而瞽人、瞽工、瞽师、瞽夫等表示各类不同身份的盲人。

对于听力残疾，则用“聋、聩”等字表示，即“聋聩不可使听”，如《国语·晋语四》载：“聋聩不可使听。”韦昭注：“耳不辨五声之和曰聋，生而聋曰聩。”

对于语言残疾，即不能正常地使用发音器官进行口头语言交流的生理缺陷，则以“喑、哑”表示，如《韩非子·六反》曰：“人皆寐，则盲者不知；皆嘿，则喑者不知。”

对于肢体残疾，包括上肢残疾和下肢残疾。《说文解字》上说“孑，无右臂也；孓，无左臂也”，是指上肢残疾。腿脚残疾，走路不平衡谓之瘸和跛，是指下肢残疾。挛躄则指上下肢的混合残疾。

对于躯体残疾，则有“驼、偻、佝偻、侏儒、偏死”等说法，其中“偏死”多指因中风引起的麻痹和瘫痪。

对于智力残疾，则以“痴、呆、愚、痴”等词语表示，《说文解字》指出：“痴，不慧也。”段玉裁注曰：“痴者，迟钝之意，故与慧相反。”（《说文解字注》）痴，则是指当今的轻度弱智，故有“小痴谓痴”之说。而对于精神失常之类的精神残疾则用“癫、疯、癫狂、狂疾”等词语来表示，如《太平御览》中说：“阳气独上，则为癫病。”

〔**以史为鉴**〕

道家思想讲究崇尚自然，博爱万物。《道德经》上说：“道生之，德畜之，物形之，势成之。是以万物莫不尊道而贵德。道之尊，德之贵，夫莫之命而常自然。故道生之，德畜之，长之育之，亭之毒之，养之覆之。生而不有，为而不恃，长而不宰，是谓玄德。”

西周时，《周礼·地官》规定大司徒掌管王室的土地与人民，行养民之政，对残疾人实行减免赋税等“宽疾”政策。要求大司徒：“以保息六养万民：一曰慈幼，二曰养老，三曰振穷，四曰恤贫，五曰宽疾，六曰安富。”“宽疾”即“不为重役，轻处使之，取其半功而已，似今残疾者也。是其宽饶疾病之法”。小司徒则：“掌建邦之教法，以稽国中及四郊都鄙之夫家九比之数，以辨其贵贱、老幼、废疾。凡征役之施舍，与其祭祀、饮食、丧纪之禁令。”除了减免徭役、赋税，残疾人在医疗上也可以享受惠政。“医师掌医之政令，聚毒药以共医事。凡邦之有疾病者、疕疡者造焉，则使医分而治之。”（《周礼·天官》）

春秋战国时期出现了量才安置残疾人的政策，《礼记·王制》记载：“瘖聋、跛、躄、断者、侏儒，百工各以其器食之。”《管子·入国》提出直接关系残疾人的“养疾”政策：“所谓养疾者，凡国都皆有掌养疾，聋、盲、喑、哑、跛躄、偏枯、握递，不耐自生者，上收而养之疾，官而衣食之。殊身而后止。此之谓养疾。”即将残疾人收到“疾官”，养至身死为止。

秦汉时灾荒不绝，灾民乃至残疾人处境艰难。明确的养疾政策始于东汉光武帝刘秀。建武六年（30）春，光武帝下诏赐谷政策惠及残疾人：“往岁水旱蝗虫为灾，谷价腾跃，人用困乏。朕惟百姓无以自赡，恻然愍之。其命郡国有谷者，给禀高年、鳏、寡、孤、独及笃癃、无家属贫不能自存者，如律。”（《后汉书》卷一下）此后，历代皇帝向包括残疾人在内的人群赐谷成为常例。

隋唐时，社会救济制度进一步发展，由常平仓、义仓构成的仓廪系统，对隋唐时期包括残疾人在内的贫民救助发挥了重要作用。

宋代到明清时期，除宽疾、养疾、救疾等政策外，宋代创建了福田院、居养院等机构设施，专门收养残疾人、鳏寡孤独老人、乞丐等。元朝在各地建立济众院、养济院，赈济鳏寡孤独废疾者，设立惠民局，为贫病者提供医疗救济。明朝承袭元制，建立养济院和惠民局，据《明史·食货志》载："初，太祖设养济院收无告者，月给粮。"《明史·职官志》载："洪武三年，置惠民药局，府设提领，州县设官医，凡军民之贫病者，给之医药。"清代除继续办理养济院外，在康熙年间，还由民间力量创办普济堂，作为养济院的补充，救济鳏寡孤独贫病者。

总体上，历代统治者注重对残疾人的宽、养等措施，创建了一个较为宽松的残疾人生存环境。

年高之人，理当厚恤

训曰：年高之人，理当厚待怜恤之。且其年皆与我先辈年等，怜之敬之则福寿亦增耳。

〔译文〕

训教说：对于年纪大的人，按道理应当厚待怜爱体恤。而且他们的年龄都与我们的先辈年龄相仿，怜爱敬重他们也会增福增寿。

〔延伸阅读〕

康熙厚待怜恤年高之人，最著名的举措便是在晚年举办千叟宴。《啸亭续录·千叟宴》中记录了康熙、乾隆时期千叟宴的盛况："康熙癸巳，仁皇帝六旬，开千叟宴于乾清宫，预宴者凡一千九百余人。乾隆乙巳，纯皇帝以五十年开千叟宴于乾清宫，预宴者凡三千九百余人，各赐鸠杖。丙辰春，圣寿跻登九旬，适逢内禅礼成，开千叟宴于皇极殿，六十以上预宴者凡五千九百余人，百岁老民至以十数计，皆赐酒联句。"

康熙五十二年（1713）三月，康熙回顾历史："自秦汉以下，称帝者一百九十有三，享祚绵长，无如朕之久者。"（《圣祖仁皇帝御制文集》第四集卷十二）于是决定举办万寿庆典，并布告天下耆老，年65岁以上者，官民不论，均可到京参加畅春园聚宴。三月二十五日，康熙在畅春园正门前首宴汉族大臣、官员及士庶年90岁以上者33人，80岁以上者538人，70岁以上者1823人，65岁以上者1846人。诸皇子、皇孙、宗室子孙年纪在10岁以上、20岁以下者均出来为老人们执爵敬酒、分发食品，扶80岁以上的老人到康熙面前亲视饮酒，以示恩宠，并赏给外省老人银两不等。三月二十七、二十八日，康熙又重设酒筵招待八旗大臣、官兵及八旗老妇登封闲散人等，此次宴会，满汉耆老多达6600余人，一时传为佳话。

康熙六十一年（1722）正月，69岁的康熙为预庆自己的70岁大寿，于乾清宫举办第二次千叟宴。正月初一，宫中朝贺，康熙作《六十一春斋戒书》诗："性理参天地，经书辅国朝。勿劳民力尽，莫使俗氛嚣。不误农桑事，须轻内外徭。风高林鸟静，雨足路尘消。视察焉能隐，行藏岂可摇。桑榆虽景暮，松柏后霜凋。长养春容盛，宽严君德调。倦勤应不免，对越愧明昭。"此次宴会，12岁的弘历作为皇孙参加了这一盛会，留下了深刻印象，他继位后，效法其祖父，也举办了两次千叟宴。《四库全书》中形容千叟宴为"尊老者，天之经，地之义，民之行也"。

〔**以史为鉴**〕

"家有一老，如有一宝。"尊老敬老是中华民族的传统美德，早在周朝时，便有"善养老者"的政策。西汉时，朝廷赐70岁以上的老人以"王杖"，享有众多优待，每逢朝廷大典，朝廷都派人慰问70岁以上老人，加发米、肉、酒、丝绸等，并免租税。唐代《仪制令》规定：每年腊月由官府出资举办酒宴，聚集乡里老人行饮酒礼，"使人知尊老养老之礼"。明朝《养老令》则规定80岁和90岁以上老人的优待措施，并规定90岁以上老人可享"与县官均礼"的礼遇。

清朝统治者继承并发展了历代王朝推行的传统社会保障政策，并不乏创新建树。在尊老养老方面，采取了一系列的政策与措施，收到的效果也比较显著。清朝定制："凡高寿者，例有恩赏，不论男女及官民"。王士祯《居易录》记载："康熙三十七年十月二十三日，恩诏：'军民七十以上，许一丁侍养，仍免杂派徭役。八十以上者，给绢一匹、绵一斤、米一石、肉十斤；九十以上倍之。'诏下郡邑，各抚臣上其数子户部。直隶九十以上五百三十五人，奉天九十以上五人，山东九十以上一千三百三十人、百岁以上九人……贵州九十以上九十四人。’”对老年人的恩赐，除了经济物质上的优待外，还有政治上和精神上的优待，如对表现突出的60岁以上老农，会赐予“老农顶戴”，80岁、100岁老人则有可能获得品级顶戴。清康乾时期，皇帝还会为百岁老人御赐“福”字和诗赋。而这其中最典型的就是旌表，旌表是政府奖励有德行之人，以建立牌坊、祠堂、石碑等礼仪性建筑对其进行表彰，以显著于乡里，鼓励风化。

敬老亦有助于伦理道德的培养和国家的稳定治理。《礼记·大学》上说：“所谓平天下在治其国者，上老老而民兴孝，上长长而民兴弟，上恤孤而民不倍。”明邱浚《大学衍义礼》分析道：“王者之养老，所以教天下之孝也。而必于学者，学，所以明人伦也。人伦莫先于孝弟……人君致孝弟于其亲长，下之人无由以见也，故于学校之中行养老之礼，使（庶民）得于听闻观感。一礼之行，所费者饮食之微，而所致者治效之大也。” 安定天下的关键在于治国之人、统治者尊敬老人，民众就会孝敬父母，统治者尊重长辈，民众就会顺从兄长，统治者抚恤孤独，民众就不会背弃。康熙深得儒家“老吾老以及人之老”和“上老老而民兴孝”的思想真谛，在晚年举办“千叟宴”，无论官民，凡年逾花甲者均可与宴，这一倡导敬老，表率臣民的举措直接为乾隆树立了榜样。

忌讳之事，皆彼此爱敬

训曰：旧满洲忌讳之事皆如古典。即如遇一忌讳之事，有年高者，则子弟为年高者忌讳。子孙众多，年高者亦为子孙忌讳。是皆彼此爱敬之意，汝等知此必遵而行之。

〔译文〕

训教说：老满洲人忌讳的事情都和古老经典记载的一样。比如遇到一件需要忌讳的事，有上年纪的长者，则子孙应该为年长者忌讳。如果子孙众多，年长者也需要为子孙忌讳。这都是皆彼此爱敬之意，你们需要知道这一点，并遵循践行。

〔延伸阅读〕

满族主要分布在中国东北，以辽宁省最多。历史上的满族男子喜穿青蓝色长袍马褂，头顶后部留发梳辫，戴圆顶帽，下穿套裤。妇女则喜欢穿旗装，梳京头或“盘髻儿”，戴耳环，腰间挂手帕。

满族人孝敬长辈，注重礼节，路遇长辈，须侧身微躬，垂手致敬，等长辈走过再行。亲友相见，除握手互敬问候外，有的还行抱腰接面礼。满族传统住房一般为西、中、东三间，大门南开，西间称西上屋，中间称堂屋，东间称东下屋。西上屋设南、西、北三面炕，西炕为贵，北炕为大，南炕为小，来客住西炕，长辈多住北炕，晚辈住南炕。西炕俗称“佛爷炕”，供有“祖宗板子”，此处忌讳人们尤其是女人随便坐卧和堆放杂物。满族将西墙作为供奉祖先的神圣之地，不准在此挂衣物、张贴年画。

满族人忌打狗、杀狗和食狗肉；不戴狗皮帽、不铺狗皮褥，最忌讳戴狗皮帽或狗皮套袖的客人。满族妇女怀孕后不能参加他人婚礼，更不允许侍奉祖先神祇。怀孕5个月时不能到马棚、不许牵马、不准听说某人难产、不能到产房去，说笑也受到严格的限制。产房不许设在西屋，产房中不能有玉器。临产期间，男人不准进产房。

满人不哄打乌鸦，相反，许多人家会在院里立一个高杆，上面有斗，斗里装有猪肉、猪下水以及米等来喂乌鸦和喜鹊。相传，努尔哈赤在与明军战斗中，曾被明军包围，便逃入一片密林中，恰好有一群乌鸦飞过，明军认为满族大军已破，努尔哈赤死里逃生，不忘乌鸦的恩情，并代代相传。

〔以史为鉴〕

避讳是中国封建社会特有的现象。《春秋公羊传・闵公元年》说："春秋为尊者讳，为亲者讳，为贤者讳。"君王为了显示威严，规定人们在说话或行文中不可直呼或写其姓名，须以别字代替。颜之推《颜氏家训・风操》上介绍说："凡避讳者，皆须得其同训以代换之：桓公名白，博有五皓之称；厉王名长，琴有修短之目。"

避讳主要有四大类。第一，对当时帝王及本朝历代皇帝之名进行避讳，属于"国讳"或"公讳"。如汉光武帝刘秀时，"秀才"被改成"茂才"。唐太宗李世民时，唐人用"代"字代替"世"字，用"人"字代替"民"字；"观世音"略称为"观音"，"民部"改称为"户部"。唐代宗李豫时，"薯蓣"改名为"薯药"；宋英宗名曙，"薯药"又改为"山药"。

清朝入关后，顺治皇帝福临为缓和民族矛盾，曾下恩诏特许臣民可不避讳"福"字："不可为朕一人，致使天下之人无福。"但顺治后，清朝大兴文字狱，牵涉者众。康熙时，明大学士朱国祯生前在经清人庄廷鑨冒名出版的《明书》中曾直书清太祖努尔哈赤之名，辗转株连达数百人，处死刑者七十余人。雍正时，主考官查嗣庭以《诗经》句"维民所止"为试题，有人歪曲告发说"维止"二字暗含将"雍正"砍头之意，结果查嗣庭惨遭戮尸枭首，儿子被处斩，兄侄遭流放。乾隆年间，内阁学士胡中藻引《周易》爻象之说，以“乾三爻不象龙”为试题，因“乾龙”的龙与隆同音，被判影射乾隆而被杀头。乾隆还曾下诏不许门联中有“五福临门”四字，以避顺治“福临”讳。

第二，下属要讳长官本人及其父祖的名讳。陆游《老学庵笔记》上有一则“只许州官放火，不准百姓点灯”的笑话：“田登作郡，自讳其名，触者必怒，吏卒多被榜笞。于是举州皆谓灯为火。上元放灯许人入州治游观，吏人遂书榜揭于市曰：‘本州依例放火三日。’”

第三是，避圣贤讳，主要指避至圣先师孔子和亚圣孟子的名讳，孔子，名丘，清朝则规定，凡是姓“丘”之人须改姓“邱”字，并读“七”音。

第四是，避长辈名讳，即避父母和祖父母之名，即“家讳”或“私讳”。如唐朝诗人杜甫其父名为“杜闲”，为避“闲”讳，杜甫诗中从无“闲”字。

清朝皇帝的名字避讳有一个变化过程。天命、天聪、顺治三朝名字无避讳。康、雍、乾三朝牵扯到皇帝名字时，读、写均须避讳，写时则缺末笔。乾隆仿汉人，以“永、绵、奕、载”“溥、毓、恒、启”为爱新觉罗氏皇族排辈。嘉庆名“永琰”，道光名“绵宁”，“永”和“绵”字太常用，便将皇帝的字改成“颙琰”和 “旻宁”，写时也缺一笔。这样，康熙名玄烨，兄弟“玄”改“元”；雍正名胤禛，兄弟“胤”改“允”；乾隆名弘历，兄弟“弘”改“宏”；嘉庆名颙琰，兄弟的为“永”；道光名旻宁，兄弟“旻”改“绵”。咸、同、光、宣时期，则只避讳最后一个字，如咸丰名“奕詝”，第一个字不避讳，“詝”字缺末笔。当然也有名字不避讳的时候，除了清太祖、太宗、世祖三朝外，历朝在《玉牒》和《实录》等重要文献中，上面贴上一个黄签，但字不用避讳。